大学受験

漢字早覚え

大学入試漢字研究会

Gakken

目次

◎ブックデザイン………荻窪裕司
◎編集・構成……………古川陽子（エディポック）
◎編集協力………………U-Tee、高木直子、近藤雪江
◎ＤＴＰ…………………株式会社 四国写研

1章 書き取り

ポイント

○送りがなにも注意をはらうこと
○部首の違う同音漢字と混同しないこと

書き

けいき
例）――となった出来事。

しんとう
例）水分が肌に――する。

いきょ
例）前例に――している。

ほうかい
例）地震で建物が――する。

ばくぜん
例）――とした不安を抱く。

しさ
例）衆議院の解散を――する。

たんてき
例）特徴を――に示す。

けんちょ
例）徴候が――に現れる。

いぜん
例）――として不明である。

とうすい
例）名演奏に――する。

かんき
例）生徒の注意を――する。

ばいかい
例）渡り鳥を――とした伝染病。

はいじょ
例）障害を――する。

くし
例）最新技術を――する。

じゅんかん
例）血液の――。

かんげん
例）消費者に利益を――する。

ふへん
例）人類――の原理。

ぎせい
例）戦争の――になった。

はっき
例）能力を――する。

そうしつ
例）自信を――する。

りんかく
例）顔の――。

ぼうだい
例）――な費用。

そうぐう
例）事件現場に――する。

すいこう
例）自分の任務を――する。

あんもく
例）――の了解。

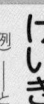

読み

契機
きっかけ。

浸透
× 侵透

依拠
よりどころとすること。

崩壊
崩れてしまうこと。

漠然
ぼんやりとしてはっきりしないこと。

示唆
ほのめかすこと。

端的
要点だけをはっきりと示すさま。× 単的

顕著
際立って目につくこと。

依然
これまでと変わらないさま。× 以前

陶酔
心を奪われてうっとりすること。

喚起
× 歓喜

媒介
両方の間に立ってなかだちすること。

排除
取り除くこと。

駆使
自由自在に使いこなすこと。

循環
ひとめぐりして元に戻ることを繰り返すこと。× 循還

還元
元の状態に戻すこと。

普遍
× 不変、× 不偏

犠牲
× 犠性、× 犠生

発揮
持っている能力などを十分に働かせること。

喪失
失うこと。

輪郭
物の外形を形作る線。× 輪敦、× 輪角

膨大
ふくれて大きくなること。

遭遇
不意に出会うこと。

遂行
× 推考、× 逐行

暗黙
黙っていて何も言わないこと。

書《き》

いつだつ
例）ルールから――する。

せいぎょ
例）運転を自動的に――する。

ちんぷ
例）――な表現。

さっかく
例）目の――を起こす。

ふんいき
例）職場の――を壊す。

きょうじゅ
例）利益を――する。

とくめい
例）――で投書する。

はあく
例）要点を――する。

せんい
例）植物の――を利用する。

かんあん
例）諸事情を――する。

ひんぱん
例）人の出入りが――な家。

おおう
例）一面を雲が――。

いじ
例）現状を――する。

せんさい
例）彼女は――な神経の持ち主だ。

どうさつ
例）鋭い――力。
×とうさつ

かじょう
例）彼は自信――である。

ぎんみ
例）提案を――する。

かんきょう
例）――に左右される。

しょうれい
例）エコカー購入を――する。

けねん
例）財政悪化が――される。

ひってき
例）ニューヨークに――する大都市。

しゃだん
例）交通を一時――する。

かんよう
例）――な態度。

けんきょ
例）彼は――な人間だ。

しょうどう
例）暴力の――に駆られる。

読み

逸脱
決められた枠や本筋から外れること。

制御
機械などを目的に沿って動くように操作すること。

陳腐
ありふれていて、つまらないさま。✕珍腐

錯覚
✕錯角

雰囲気
その場やその場の人がかもし出している気分。

享受
✕亨受、✕享授、✕供受

匿名
自分の名前を隠して知らせないこと。

把握
しっかりとつかむこと。よく理解すること。

繊維
✕織衣

勘案
十分に考慮し、適切な処理をすること。

頻繁
ひっきりなしに行われるさま。

覆う

維持
物事の状態をそのまま保ち続けること。

繊細
感情などが細かく鋭いさま。✕先才

洞察
物事を観察してその本質を見抜くこと。

過剰
物事の程度が過ぎること。

吟味
物事を念入りに調べること。

環境
まわりを取り巻く周囲や世界の状態。

奨励
あることを高く評価し、それをするように他の人に勧めること。

懸念
先行きを心配に思うこと。

匹敵
比べてみて能力や価値が同じ程度であること。

遮断
流れをさえぎること。

寛容
心が広く物事を受け入れやすいさま。

謙虚
控え目でつつましいさま。✕謙去

衝動
発作的に行動する心の動き。✕衡動

書き

ながめ
例）山頂からの――。

ようせい
例）軍隊の出動を――する。

かつぼう
例）優秀な選手を――する。

きばん
例）社会――を整える。

ちゅうしゅつ
例）名簿から該当者を無作為に――する。

ふきゅう
例）パソコンが――する。

きんこう
例）国際収支の――を保つ。

かんきゅう
例）――つけた投球をする。

こくふく
例）苦手科目を――する。

ほうき
例）仕事を――する。

べんぎ
例）――を図る。

こうけん
例）発展に――する。

がんちく
例）彼の話には――がある。

しょうげき
例）――を受ける。

もさく
例）解決方法を――する。

ぼうちょう
例）熱により、空気が――する。

なっとく
例）説明を聞いて――する。

かんてつ
例）初志を――する。

すうこう
例）――な精神を養う。

ようご
例）人権を――する。

ぼうとう
例）――の説明文を読む。

かくとく
例）自由を――する。

きはん
例）行動の――を定める。

だらく
例）――した生活を送る。

よぎ
例）中止を――なくされる。

読み

眺め

要請
必要であると強く願い求めること。✕用請

渇望
心から望むこと。切望。熱望。

基盤
✕基板、✕碁盤

抽出
多くの中からある特定のものを抜き出すこと。✕注出

普及
広く行き渡ること。✕不朽

均衡
✕均衝

緩急
✕暖急

克服
努力して困難に打ち勝つこと。

放棄
物事を投げ捨て、省みないこと。

便宜
✕便宣

貢献
✕後見

含蓄
表面に出ない深い意味。✕含畜

衝撃
✕衛撃、✕衝激

模索
✕模作

膨張
ふくれあがること。

納得

貫徹
意志や方針を貫き通すこと。✕完徹

崇高
けだかく尊いさま。✕祟高

擁護
侵略や危害から守ること。✕養護

冒頭
はじめの部分。

獲得
✕穫得

規範
行動や判断の基準となる模範。手本。✕基範

堕落
品行が悪くなり、生活が乱れること。

余儀
✕余議、✕余技

書き

しゅうち
例）——の事実。

おびやかす
例）刃物で人を——。

こうそく
例）犯人を——する。

しひょう
例）景気判断の——となる。

せんかい
例）飛行機が——する。

おちいる
例）穴に——。

かんげん
例）彼の言葉を——する。

こかつ
例）資源が——する。

しばる
例）縄で——。

せんざい
例）——的能力。

ただよう
例）異郷に——。

ぎょうしゅく
例）皆の気持ちを一つの言葉に——させる。

さくしゅ

しゃしょう
例）考察の対象から——する。

ぞうしょく
例）資本を——する。

ようしゃ
例）——なく追及する。

きんき
例）——を犯す。

しさく
例）人生の意味を——する。

じょじょに
例）——進む。

ぞうしん
例）食欲が——する。

えんかつ
例）準備を——に進める。

こい
例）——に人を怒らせる。

してき
例）彼のミスを——する。

せっしゅ
例）栄養のあるものを——する。

そがい
例）彼の優勝を——する。

読み

周知
× 羞恥、× 衆知

脅かす
＊送り仮名に注意。

拘束
思想や行動の自由を制限すること。

指標
物事を判断する際の目じるし。× 指表

旋回
円を描くように回ること。

陥る
落ちて中に入る。
× 落ち入る

換言
別の言葉で言い換えること。

枯渇
× 枯喝、× 古渇

縛る
× 博る

潜在
× 先在。
＊対義語は「顕在」。

漂う
あてもなくさまよう。

凝縮
こり固まって縮まること。
× 擬縮

搾取
しぼり取ること。

捨象
物事をとらえる際、意図的に一部の要素を考案の対象から外すこと。

増殖
× 増植

容赦
大目に見ること。手加減すること。

禁忌
忌み嫌うこと。タブー。

思索
論理的に筋道を立てて考えること。

徐々に
× 除々に。
＊「徐に」と書き「おもむろに」と読むことも重要。

増進
物事の勢いなどがより激しくなること。
＊対義語は「減退」。

円滑
物事がすらすら運ぶさま。

故意
意図的に。
＊対義語は「過失」。

指摘
× 指敵

摂取
× 接種

阻害
邪魔すること。
× 疎外

書き

そがい
例）――感を覚える。

ひきん
例）――な例を挙げる。

くずす
例）敵の牙城を――。

けいい
例）事件の――を調べる。

りょういき
例）新たな――を開拓する。

ちくせき
例）疲労が――する。

へんせん
例）流行の――を振り返る。

えいい
例）人間の――。

じゃま
例）仕事の――になる。

かいぼう
例）カエルを――する。

とうえい
例）スクリーンに映像を――する。

ぼんよう
例）彼は――な人間ではない。

かくう
例）――の人物。

ていさい
例）――を整える。

かくり
例）赤痢患者を――する。

のうり
例）――をよぎる。

れんさ
例）失敗が――する。

きせい
例）――の概念。

にょじつ
例）惨状を――に語る。

からむ
例）足に草が――。

はたん
例）財政が――する。

うながす
例）自立を――。

きどう
例）惑星の公転の――。

まいぼつ
例）個性が――する。

きはく
例）酸素の――な山頂。

読み

疎外
嫌ってのけ者にすること。
×阻害

卑近
身近でありふれていること。

崩す

経緯
物事の経過。てんまつ。
*「いきさつ」とも読む。

領域
ある力が及ぶ範囲。

蓄積
×蓄績、×畜積

変遷
移り変わり。

営為
人間が日々営んでいる生活や仕事。×営偽

邪魔
×邪摩

解剖
×解培、×解部

投影
×投映

凡庸
優れたところがなく平凡なこと。×凡用

架空
根拠のないこと。
×仮空

体裁
*読みも重要。「たいさい」ではない。

隔離
×隔裏

脳裏
×能裏

連鎖

既成
*「きせいひん」は「既製品」と書く。

如実
事実のとおりであること。

絡む

破綻
物事が成立しないこと。

促す
×捉す

軌道
天体などが運行する道筋。

埋没
うもれて隠れてしまうこと。

希薄
液体や気体の濃度・密度が薄いこと。

書き

きひ
例）徴兵を——する。

じゅっかい
例）現在の心境を——する。

そぼく
例）——な疑問。

とうてい
例）——不可能だ。

もほう
例）画風を——する。

けっかん
例）——商品。

しょうそう
例）——感に駆られる。

たいだ
例）——な生活を送る。

とくい
例）——な能力を持つ。

ゆうずう
例）——のきかない石頭。

こうさく
例）期待と不安が——する。

しょくはつ
例）友人の成功に——される。

つむぐ
例）糸を——。

とほう
例）——に暮れる。

かいざい
例）二国間に——する問題。

こちょう
例）——して伝える。

しんちょう
例）——に行動する。

とうぎょ
例）大軍を——する。

はいせき
例）輸入製品を——する。

かてい
例）人間の進化の——を学ぶ。

じめい
例）——の理。

そくしん
例）販売を——する。

とうしゅう
例）前例を——する。

ほどこす
例）恩恵を——。

こゆう
例）日本——の文化。

読み

忌避
嫌って避けること。

述懐
思いを述べること。＊読みも重要。「じっかい」ではない。

素朴
× 粗朴、× 素僕

到底
× 到低

模倣
＊対義語は「創造」。
× 摸放

欠陥
不備な点。
× 欠完

焦燥
いらいらすること。あせること。× 焦繰、× 焦操

怠惰
× 怠堕、× 怠駄

特異
他と異なり特に優れていること。× 得意

融通
必要に応じ、その場に適切な処置をとること。

交錯
複数のものが入り交じること。

触発
刺激を与え、意欲を起こさせること。

紡ぐ

途方
× 途法

介在
間にはさまって存在すること。

誇張
実際よりも大げさに表すこと。

慎重
＊「意味深長」との違いに注意。

統御
全体をまとめて支配すること。

排斥
仲間外れにして退けること。
× 排席

過程
物事が進行して結果にたどりつくまでの道筋。× 課程

自明
わかりきっていること。

促進
物事が早く進むように力を加えること。× 捉進

踏襲
それまでのやり方をそのまま受け継ぐこと。

施す

固有
× 個有

書き

もうら
例）必要な資料を——する。

きょくたん
例）——な意見。

しゅうかく
例）ぶどうを——する。

どうよう
例）——を隠せない。

るいせき
例）——する赤字。

おんけい
例）自然の——に浴する。

ぐうぜん
例）——に街で出会う。

しゅんかん
例）決定的——。

ほかん
例）不備を——する。

いかく
例）武力で——する。

かんじょう
例）レストランで——を済ませる。

くちく
例）悪貨は良貨を——する。

せんれん
例）——された物腰。

ぼくめつ
例）犯罪を——する。

いしょう
例）部屋の——を凝らす。

きせき
例）成功までの——をたどる。

げんみつ
例）——な検査を受ける。

だいたい
例）——エネルギーを研究する。

ほしょう
例）品質を——する。

いそん
例）他人に——する。

ぎょうし
例）相手を——する。

こじ
例）権力を——する。

たんらく
例）——的な考え方を戒める。

よくせい
例）インフレを——する。

いふ
例）——の念を抱く。

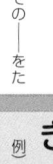

読み

網羅
×綱羅

極端
×局端

収穫
農作物を取り入れること。

動揺
×動謡

累積
物事が次から次へ重なり積もること。×類積

恩恵
幸福をもたらすもの。恵み。

偶然
*対義語は「必然」。
×遇然

瞬間
極めて短い間。

補完
×捕完

威嚇
力を示して相手を脅かすこと。

勘定
代金を支払うこと。

駆逐
×駆遂

洗練
磨きをかけて品位を高めること。

撲滅
×僕滅

意匠
装飾上の工夫。デザイン。
×衣裳

軌跡
人や物事がそれまでたどってきた道筋。

厳密
細部まで厳しく注意を行き届かせること。

代替
かわりとなるもの。

保証
×保障、×補償

依存
*「いぞん」とも読む。

凝視
目をこらして見つめること。

誇示
得意になって見せびらかすこと。

短絡
論理的に考えず、正しくない因果関係を結んでしまうこと。

抑制
×抑製

畏怖
恐れおののくこと。
×畏布

書《き》

かいぎ
例）人生を——する。

ひそむ
例）昆虫が物陰に——。

ぶんせき
例）傾向を——する。

やっかい
例）——な相手。

けんめい
例）——の努力を続ける。

かいひ
例）戦争の危機を——する。

びみょう
例）——な色彩のバランス。

まさつ
例）乾布——。

ゆいいつ
例）世界で——の逸品。

そうさ
例）コンピュータの——を覚える。

がまん
例）彼の仕打ちには——がならない。

ひやく
例）——的な進歩をとげる。

みゃくらく
例）——のない話。

ゆうきゅう
例）——の大地。

ほこさき
例）——を向ける。

かんきょう
例）——をそそる絵画。

ふだん
例）——の努力。

みわく
例）人を——する美しさ。

よくよう
例）——のない声で話す。

かんそう
例）——させた食品。

かんしょう
例）他人の生活に——する。

ふんきゅう
例）会議が——する。

もうい
例）台風が——をふるう。

りゅうぎ
例）自分なりの——。

かんよう
例）何事にも忍耐が——だ。

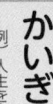

読み

懐疑
物事の意味や価値などに疑いを持つこと。

潜む

分析
内容・性質を明らかにするため、小要素に分解すること。＊対義語は「総合」。

厄介
面倒なさま。
✕奴介

懸命
力を尽くして頑張るさま。

回避
悪い事態にならないように、物事を避けること。

微妙
✕徴妙

摩擦
こすり合わせること。
✕磨擦

唯一
✕惟一

操作
あやつって動かすこと。

我慢
✕我漫

飛躍
大きく発展して活躍すること。

脈絡
＊「脈略」ではない。

悠久
果てしなく長く続くこと。
✕幽久

矛先

感興
何かを見聞きして興味がわくこと。

不断
絶えることなく続くこと。
✕普段、✕普断

魅惑
人をひきつけ、理性を失わせること。

抑揚
イントネーション。

乾燥
✕乾操、✕乾繰

干渉
当事者でない者が口出しをして、他人を自分の意思に従わせようとすること。

紛糾
物事が乱れもつれること。
✕粉糾

猛威
すさまじい勢い。

流儀
その人やその家などの独特のやり方。

肝要
非常に大切なこと。

書き

かんわ
例）規制を――する。

きそん
例）――の施設を活用する。

きゅうさい
例）被害者を――する。

きょうしゅう
例）――を覚える。

きょうらく
例）――にふける。

くっせつ
例）水中で光が――する。

けんい
例）彼はこの道の――だ。

こうしょう
例）取引価格を――する。

こうじょう
例）――的に仕事が発生する。

こうでい
例）ささいなことに――する。

こうはい
例）農地が――する。

こくいん
例）イニシャルを――した時計。

こぶ
例）選手を――する。

こりょ
例）相手の立場を――する。

こんわく
例）――した表情を見せる。

じゅうまん
例）ガスが――する。

じゅばく
例）――を解く。

じゅんすい
例）――な気持ち。

じょうじゅ
例）悲願が――する。

じょうせい
例）醤油を――する。

じょうだん
例）――を言う。

じょうと
例）建物を――する。

しんさん
例）――をなめる。

すいい
例）国際収支の――を見る。

ずいはん
例）部長に――する。

読み

- **緩和** 厳しい状態がやわらぐこと。
- **屈折** 折れ曲がること。
- **荒廃** 建物や土地などが荒れ果てること。
- **充満** いっぱいになること。
- **冗談**

- **既存** ×既在
- **権威** 他人を服従させる威力。
- **刻印** 刻みつけること。
- **呪縛** 人の心の自由を失わせること。
- **譲渡** ×壌渡

- **救済** ×救剤
- **交渉** 特定の問題に関して相手と話し合うこと。
- **鼓舞** 励まして気持ちを奮い立たせること。
- **純粋** まじりけのないこと。
- **辛酸** つらい苦しみ。

- **郷愁** 故郷や過去を懐かしむ気持ち。
- **恒常** 定まっていて変わらないこと。
- **顧慮** 気にかけること。
- **成就** ×盛就
- **推移** 時が経つにつれて、そのものの状態が変わること。

- **享楽** 思うがままに快楽を味わうこと。×興楽
- **拘泥** こだわること。
- **困惑** ×困感、×因惑
- **醸成** 原料を発酵させて物を作ること。転じてある状態を徐々に作り出すこと。
- **随伴** ×髄伴

書き

せんく
例）この分野の――者。

ちゅうしょう
例）――的な議論。

はいた
例）――的な考え。

りじゅん
例）――を追求する。

しょうさい
例）事件の――を調べる。

せんれつ
例）――なデビューを飾る。

ちょうはつ
例）相手を――する。

かんたん
例）――な問題。

かんじゅ
例）批判を敢えて――する。

すうはい
例）神仏を――する。

ぞうふく
例）国民の政治不信が――される。

とうとう
例）――な印象を受ける。

けいかい
例）不審者を――する。

かんめい
例）彼の話に――を受ける。

せんりつ
例）美しい――を奏でる。

そくばく
例）自由を――する。

とろ
例）心情を――する。

げんせん
例）――徴収される。

きろ
例）人生の――に立つ。

そうき
例）昔の景色を――する。

だいしょう
例）勝利の――は大きかった。

のうたん
例）絵の具で――をつける。

むじゅん
例）前後――した意見。

こんきょ
例）推定の――を示す。

だんがい
例）腐敗した政治を――する。

読み

先駆
人にさきがけて物事をなすこと。

抽象
×抽像
*対義語は「具体」。

排他
×俳他、×廃他

利潤
×利準

詳細

鮮烈
×鮮列、×鮮裂

挑発
相手を刺激し、そそのかすこと。

簡単
込み入っておらず、わかりやすいこと。

甘受
甘んじて受容すること。
*「享受」は良いこと、「甘受」は悪いことを受容すること。

崇拝
あがめうやまうこと。

増幅
物事の程度を強め、大きくすること。

唐突
だしぬけで突然なさま。

警戒
万一に備えて用心すること。
×警戎

感銘
忘れられないほど深く感動すること。

旋律
音の高低とリズムが連結し、一つの音楽的なまとまりとして形成される音の流れ。

束縛
制限を加えて自由を奪うこと。

吐露
心の中で思っていることを隠さず述べること。

源泉
ものの生じるみなもと。

岐路
分かれ道。×帰路

想起
前にあったことを思い起こすこと。

代償
損害に対するつぐないとしてそれに相応するものを出すこと。

濃淡
×農淡

矛盾
つじつまが合わないこと。

根拠
判断・主張などを成り立たせるもととなる理由。

弾劾
罪や不正をあばき、責任を追及すること。

書き

- **つくろう** 例）服のほつれを――。
- **ほうかつ** 例）全体を――する。
- **えんかく** 例）――操作を行う。
- **かんがい** 例）――深い。
- **きぐ** 例）日本の行く末を――する。
- **てんかん** 例）話題を――する。
- **ぼうきゃく** 例）――の彼方。
- **えんよう** 例）論文を――する。
- **かんき** 例）日本の勝利に――する。
- **きげん** 例）――を損ねる。
- **どじょう** 例）――改良。
- **ほんやく** 例）原文を――する。
- **おせん** 例）大気が――される。
- **かんし** 例）囚人を――する。
- **きこう** 例）国際平和――。
- **ひさん** 例）――な事件。
- **むえん** 例）庶民には――の生活。
- **かいこ** 例）歴史を――する。
- **かんとく** 例）工事現場を――する。
- **きぞく** 例）領土の――問題。
- **へいおん** 例）――な暮らし。
- **あんたい** 例）――な暮らしを求める。
- **かられる** 例）不安に――。
- **ぎが** 例）鳥獣――。
- **きび** 例）人情の――に触れる。

読み

- **繕う** ×膳う
- **包括** 一つにまとめること。
- **遠隔** 遠く離れていること。
- **感慨** ×感概
- **危惧** あやぶむこと。×危具
- **転換**
- **忘却** ×望却
- **援用** 自説を補強するために他の文献、事例などを引用すること。
- **歓喜** ×観喜
- **機嫌** 気分の良し悪し。
- **土壌** ×土譲
- **翻訳**
- **汚染** 有害物質などによってよごされること。
- **監視** ×環視
- **機構** ×機講、×機工
- **悲惨** ×非惨
- **無縁** 関係がないこと。
- **回顧** 昔を思い返すこと。過去を振り返ってみること。
- **監督** 目を配り、指図したり取り締まったりすること。
- **帰属** 財産や権利などが特定の主体に属すること。
- **平穏** ×平隠
- **安泰** ×安奏
- **駆られる**
- **戯画** こっけいな絵。カリカチュア。×劇画
- **機微** 微妙な趣きや事情。×機徴

書き

きゅうだん
例）彼の罪を――する。

きょうぎ
例）――の意味で用いる。

きんちょう
例）――した面持ち。

きんみつ
例）――な関係を保つ。

くうきょ
例）――な考え。

くつがえす
例）大波が船体を――。

けいさい
例）雑誌に写真を――する。

けいふ
例）――をたどる。

けっさく
例）数々の――を生む。

けつじょ
例）判断力が――している。

げんぜん
例）――たる事実。

こうちょく
例）――した精神。

こうみょう
例）――な手口。

こきゃく
例）――を獲得する。

こくめい
例）――に記録を残す。

さくご
例）試行――を繰り返す。

ざせつ
例）資金難で事業が――する。

さまたげる
例）睡眠を――。

ししん
例）政策の――。

しめる
例）過半数を――。

しゅうとう
例）用意――。

じゅよう
例）――に合わせた供給。

しょうおう
例）首尾が――する。

しょうちょう
例）ハトは平和の――だ。

しょうとう
例）電柱に――する。

読み

糾弾
罪を追及して非難すること。
× 糾断

覆す
ひっくり返す。

厳然
おごそかで近寄り難いさま。

錯誤
× 錯悟

周到
× 周致

狭義
＊対義語は「広義」。

掲載
× 掲栽

硬直
硬くなり、自由が利かなくなること。

挫折
失敗して行き詰まること。

需要
＊対義語は「供給」。

緊張
張りつめて緩みのないこと。

系譜
先祖から子孫にいたる一族代々のつながり。系図。

巧妙
× 攻妙

妨げる
邪魔をする。

照応
互いに対応・関連すること。

緊密
関係が非常に密接なこと。

傑作
特に出来映えのよい作品。

顧客
× 雇客

指針
進むべき方向を示すもの。

象徴
概念などを具体的なものによって表すこと。 × 象微

空虚
内容のないこと。

欠如
× 欠除、× 欠徐

克明
細かく丹念なさま。

占める

衝突
× 衡突

書き

しょさん
例）文明の――。

そうぼう
例）恐ろしい――。

たくす
例）若者に希望を――。

とうさく
例）――した愛情。

ひがん
例）――花を供える。

じんい
例）――的なミスが原因だ。

ぞくせい
例）購入者の――を分析する。

ちせつ
例）――な文章。

とうひ
例）現実から――する。

ひじゅん
例）条約を――する。

せいずい
例）柔道の――を追求する。

そや
例）――な振る舞い。

ちつじょ
例）――正しく行動する。

どうりょう
例）職場の――。

ふしん
例）立て直しに――する。

せつり
例）自然の――に従う。

たいぐう
例）よい――を受ける。

ちょうせん
例）世界記録に――する。

ねんとう
例）――に浮かぶ。

ぶんれつ
例）細胞が――する。

そうじゅう
例）飛行機を――する。

たいしょう
例）二つを比較――する。

ていこう
例）権力に――する。

のうこう
例）敗北が――になる。

ぼっとう
例）趣味に――する。

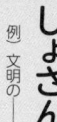

読み

- **所産** 生み出されたもの。
- **相貌** 顔かたち。様子。
- **託す** ×詫す
- **倒錯** 本来のものと正反対の形で現れること。
- **彼岸** ×披岸
- **人為** 人間の力で行うこと。
- **属性** ある事物に備わる固有の性質。
- **稚拙** 未熟でつたないさま。
- **逃避** ×逃癖
- **批准** 条約に対する国家の最終的な確認。×批準
- **精髄** 物事の本質。神髄。
- **粗野** 下品で荒々しいこと。
- **秩序** 物事を行う際の正しい順序や筋道。
- **同僚** ×同寮
- **腐心** ある事を成し遂げるために心を配ること。
- **摂理** 万物を治め支配している法則。×節理
- **待遇** 人をもてなすこと。処遇。行いに対しなされるもてなし。×待偶、×対遇
- **挑戦** ×超戦
- **念頭** 心の中の思い。
- **分裂** ×分列
- **操縦** ×躁縦
- **対照** 二つ以上の事物を比べ、違いを際立たせること。×対象
- **抵抗** ×低抗
- **濃厚** ある可能性が強く予想されるさま。
- **没頭** 他のことを顧みず、一つのことに熱中すること。

書き

ほんぽう
例）自由――な振る舞い。

ゆうべん
例）――に物語る。

こうぐう
例）――を受ける。

いわかん
例）――を覚える。

きゅうくつ
例）――な服。

みがく
例）鏡を――。

りふじん
例）――な扱いを受ける。

いんが
例）――関係を明らかにする。

がいねん

げいごう
例）大衆に――する。

めいりょう
例）簡単――。

れんか
例）――版を購入する。

みりょく
例）――的な人物。

かくちょう
例）道路を――する。

けいしょう
例）――を鳴らす。

もうそう
例）――にふけっている。

けんま
例）宝石を――する。

かて
例）生活の――とする。

かもく
例）――な人。

こはん
例）――に別邸を構える。

ゆうごう
例）東西文化の――。

こうかん
例）――のうわさ。

いつわ
例）若かりしころの――を聞く。

かんしょく
例）――を確かめる。

さいだん
例）布を――する。

読み

奔放
× 弄放

雄弁
話術が巧みで説得力のあるさま。× 有弁

厚遇
手厚くもてなすこと。優遇。
＊対義語は「冷遇」。

違和感
× 異和感

窮屈
× 究屈

磨く
× 摩く

理不尽
道理に合わないさま。

因果
原因と結果。

概念
× 慨念、× 該念

迎合
自分の考えを曲げてでも他人の気に入るように調子を合わせること。

明瞭
はっきりしていて、曖昧な点がないこと。

廉価
値段が安いこと。
＊対義語は「高価」。

魅力
人の心を引きつけ、夢中にさせる力。

拡張
範囲や勢力などを広げて大きくすること。

警鐘
危険を伝えるために鳴らす鐘。

妄想
根拠もなくあれこれと想像すること。

研磨

糧
生きていくために必要なものとしての食糧。

寡黙
口数が少ないこと。

湖畔
× 湖半

融合
とけ合って一つのものになること。

巷間
ちまた。世間。
× 巻間

逸話
ある人に関する、あまり知られていない興味深い話。エピソード。

感触

裁断
× 栽断

書き

- さいばい　例）大根を――する。
- そうしょく　例）――を施す。
- はんえい　例）国家が――する。
- あやつる　例）上手に人形を――。
- しいか　例）――を詠む。
- ざんてい　例）――政権。
- たくわえる　例）食糧を――。
- ふかひ　例）――な出来事。
- そくてい　例）質量を――する。
- とうらい　例）情報化社会の――。
- しゅこう　例）――を凝らした作品。
- たんさく　例）宇宙を――する。
- ふんしゅつ　例）不満が――する。
- しゅつじ　例）彼の――を調べる。
- ばいたい　例）通信――が発達する。
- じんそく　例）――に処理する。
- てってい　例）ルールを――させる。
- へんけん　例）――を打破する。
- いそう　例）――幾何学。
- びりょく　例）――ながらお手伝いします。
- すいたい　例）産業が――する。
- とろう　例）――に終わる。
- ぼうがい　例）敵の進路を――する。
- きょてん　例）――となる基地。
- ていたく　例）――にお邪魔する。

読み

栽培
✕ 裁培

装飾
✕ 壮飾

繁栄
勢いがよく、栄えて発展すること。

操る
✕ 繰る

詩歌

暫定
仮の措置として一時的に定めておくこと。✕ 漸定

蓄える
✕ 畜える

不可避
✕ 不可非

測定
物理量を測ること。

到来
✕ 致来

趣向
おもむきやおもしろみを出すための工夫。✕ 趣好

探索
未知の事柄などをさぐり調べること。

噴出
✕ 墳出

出自
出どころ。生まれ。

媒体
一方から他方へ伝えるなかだち、手段。

迅速
物事の進み具合が非常に速いさま。

徹底
✕ 撤底

偏見
✕ 編見、✕ 遍見、✕ 変見

位相
数学などの用語で、集合間の距離やつながり方。

微力
ほとんど問題にならない程度の弱い力。

衰退
勢いや活力が衰えて弱くなっていくこと。

徒労
無益な苦労。

妨害
✕ 防害

拠点

邸宅
豪華な家のこと。

書き

けんしん
例）——的に世話をする。

じゅんたく
例）——な予算がある。

りだつ
例）先陣から——する。

しゅういつ
例）——な作品。

はんしょう
例）——を挙げる。

がっしょう
例）——策をとる。

めんえき
例）病原体への——ができる。

おうだ
例）バットで——する。

ざんにん
例）——な犯行。

かかん
例）——に挑戦する。

かんぼつ
例）道が——する。

ちょさく
例）先人の——。

いらい
例）——人に会う。

りょうゆう
例）土地を——する。

るいけい
例）データを——に分類する。

きゅうち
例）——に追い込まれる。

ほしょう
例）社会——制度。

せいおん
例）——な日々。

ほさ
例）部長を——する。

おびる
例）気迫を——。

ふんしょく
例）——して話す。

きかん
例）情報管理——。

しゅうち
例）——を集める。

みさき
例）——の灯台。

はんそう
例）病人を——する。

読み

献身
自分の身を犠牲にして尽くすこと。

潤沢
ものが豊富にあるさま。

離脱
組織などから離れ、去ること。

秀逸
他より抜きん出て優れていること。

反証
相手の主張に証拠を挙げて否定すること。反対の証拠。

合従
他との対抗上、連合、同盟すること。 ✕ 合掌

免疫
体内に侵入した病原菌などを排除しようとする生体防御機構。

殴打

残忍
むごいことを平気でするさま。

果敢
決断力に富み、思い切って行動するさま。

陥没
下に落ち込むこと。沈降。

著作
書物を書きあらわすこと。

依頼
人に用件を頼むこと。

領有
土地などを所有すること。

類型
共通点を基に分類した型。

窮地
逃げ場のない苦しい状態。

保障
ある状態や地位がおかされないよう保護すること。 ✕ 保証

静穏
特に波乱のなく、穏やかなさま。

補佐
かたわらにあってその人を助け補うこと。

帯びる

粉飾
立派に見せること。 ✕ 紛飾

機関
特定の業務をとり行う組織。

衆知
多くの人が持っている知恵。

岬

搬送
運び送ること。

書き

- たんにん　例）新しいクラスを――する。
- ほかく　例）動物を――する。
- きゅうする　例）返答に――。
- ようしょく　例）――と天然。
- きゅうきょく　例）――の発明品。
- りちぎ　例）――な応対をする。
- せんせい　例）選手――。
- ぎれい　例）――的なあいさつ。
- かいむ　例）可能性は――だ。
- きけつ　例）当然の――である。
- ていけつ　例）条約を――する。
- いしん　例）明治――。
- くちびる　例）――を噛む。
- しょうとく　例）――の人格のよさ。
- ちじょく　例）――に耐える。
- じゅんきょ　例）歴史に――した物語。
- よねん　例）仕上げに――がない。
- うばう
- こうさつ　例）資料を――する。
- がいはく　例）――な知識。
- はねる　例）魚が陸で――。
- はばつ　例）校内の――争い。
- かんけい　例）――をめぐらす。
- かせぐ　例）学費を――。
- けいこう　例）――性のペン。

読み

- **担任**
- **捕獲** ×補獲、×捕穫
- **窮する** 行き詰まって苦しむ。困りきる。
- **養殖**
- **究極・窮極** 物事を突きつめること。
- **律儀** ×津義、×律議
- **宣誓** 人々の前で誓いの言葉を述べること。
- **儀礼** ×議礼、×犠礼
- **皆無** 全く存在しないこと。
- **帰結** 最終的にいきつく結果。
- **締結** ×締決、×諦結
- **維新** すべてが改まり新しくなること。
- **唇**
- **生得** 生まれつき。もともと。×生徳
- **恥辱** 名誉などを傷つけること。はずかしめ。
- **準拠** よりどころとすること。×順拠
- **余念** 他の考え。他念。＊「余念がない」で「他の事を考えず一つのことに熱中する」の意。
- **奪う**
- **考察** 物事を明らかにするために、深く考えをめぐらすこと。
- **該博** 知識が広く物事に通じていること。
- **跳ねる**
- **派閥** 利害で結びついた排他的な集団。
- **奸計・姦計** やましいこと。悪巧み。
- **稼ぐ** 働いてお金を得る。
- **蛍光** ある物質に光や電磁波などを照射したときに発光する現象。

書き

ふりょ
例）――の事故。

きゃっこう
例）――を浴びる。

とうき
例）円が突然――する。

ほうよう
例）――力のある人。

すいさつ
例）表情から――する。

ひんしゅつ
例）入試に――する問題。

かんこく
例）引退を――する。

とくそく
例）借金の返済を――する。

てんらんかい
例）――に行く。

みすい
例）殺人――で捕まる。

かんす
例）店に自分の名を――。

ゆうわく
例）――に打ち勝つ。

がくふ
例）――を読む。

あっとう
例）敵を――する。

か
例）――に刺される。

かんげき
例）――を突いて攻める。

めんじょ
例）課題を――する。

きょうべん
例）必死に――する。

えきびょう
例）原因不明の――。

せいぼ
例）――を送る。

てっぱい
例）制限を――する。

たんぽ
例）土地を――に入れる。

へいごう
例）小学校を――する。

から
例）――を破る。

いっかつ
例）――して管理する。

読み

不慮
思いがけないこと。意外。不意。＊良くないことについて用いられる。

脚光
＊「脚光を浴びる」で「舞台に立つ。世間の注目の的となる」の意。

騰貴
物価や相場が急に上がること。

包容
包み込むこと。

推察
物事の事情や他人の心中をあれこれ考え思いやること。

頻出
しきりに現れたり起こったりすること。✕瀕出

勧告
ある行動をとるよう説き勧めること。

督促
早くするよううながすこと。「催促」より改まった言い方。

展覧会
作品や資料を展示するイベント。

未遂
ある事をしようと計画しながら、目的に達しなかったこと。

冠す
名称、称号、文字などを上につける。

誘惑
心を惑わせ、悪い道へ誘い込むこと。

楽譜
楽曲を一定の約束のもとに記号によって書き表したもの。

圧倒
非常に強い力で相手を下すこと。✕圧到

蚊

間隙
人や物の間。すき間。油断。

免除
義務・役目などを免じること。

強弁
自分の意見をむりやり通そうとすること。

疫病
伝染する疾患。

歳暮
年の暮れ、歳末の贈り物。

撤廃
廃止すること。とりやめること。✕徹廃

担保
将来の不利益に対し、それを補うことを保証すること。保証するもの。

併合
いくつかのものをひとつにまとめること。

殻

一括
✕一活

書き

いせき
例）古代の――を訪ねる。

てきかく
例）――な指示。

けんご
例）――な城を築く。

しょうあく
例）すべてを――する。

も
例）――が張った池。

せいせん
例）――食品。

あえて
例）――行動する。

がんぜん
例）――に広がる光景。

よりどころ
例）心の――がない。

けんしょう
例）事実を――する。

くだく
例）岩を――。

しんこく
例）過疎化が――だ。

じひ
例）――深い人物。

こんきゅう
例）――を極める。

じゅよう
例）文化を――する。

えいびん
例）――な感覚。

こうどく
例）雑誌を――する。

そうさく
例）――料理の店。

おぎなう
例）欠点を――。

ほうそう
例）――界で働く。

おこたる
例）努力を――。

すんか
例）――を惜しむ。

けいはつ
例）――セミナー。

こうりん
例）神の――。

かつあい
例）話を――する。

読み

遺跡
×遺蹟

的確
本質を突いている。正しい。

堅固
×堅個

掌握
手の内に入れること。物事を意のままにすること。

藻
水中に生育する水草・海草・藻類の総称。

生鮮

敢えて
無理にするさま。×和えて

眼前

拠り所
頼みとするところ。×寄り所

検証
実際に物事を調べて仮説を証明すること。

砕く

深刻
事態が切迫して、容易でないさま。

慈悲
いつくしみ、あわれむこと。

困窮
経済的に苦しむこと。困ること。

受容
受け入れること。

鋭敏
鋭く感じ取ること。

購読
×講読

創作
それまでなかったものを初めて作り出すこと。

補う
×捕う

法曹
法律を扱う職につく人。特に、裁判官、検察官、弁護士をいう。

怠る
すべきことをせずになまける。

寸暇
ほんのわずかな暇。

啓発
人が気づかずにいるところを教え示して、より高い認識・理解に導くこと。

降臨
天上の神や仏が地上に現れること。

割愛
省いて捨てること。

書き取

えいきょう
例）他人から受ける——。

くちる
例）廃屋が——。

ばんしょう
例）森羅——。

かんけつ
例）——に説明する。

す
例）隠し味に——を入れる。

たいこう
例）他店に安さで——する。

しんにゅう
例）邸宅に——する。

まぎらす
例）暗い気持ちを——。

しっぴつ
例）自叙伝を——する。

たんしょ
例）解決の——となる。

きゃくほん
例）——を書き上げる。

いせいしゃ
例）時の——に反抗する。

ぜんぷく
例）——の信頼を置く。

かたん
例）悪事に——する。

かんぱ
例）真相を——する。

かせつ
例）実験の前に——を立てる。

そうけん
例）期待を——に担う。

ぐうわ
例）イソップの——。

えいかん
例）——を勝ち取る。

ゆうへい
例）城に——する。

かくぜん
例）——とした区分。

そあん
例）——を提出する。

びぼうろく
例）——を作る。

そうおう
例）分——に振る舞う。

ひろう
例）——が蓄積する。

読み

影響
物事の力や作用がほかのものにまで及ぶこと。その結果。

朽ちる
✕ 巧ちる

万象
＊読みも重要。

簡潔
短く要点をとらえているさま。✕ 完結。
＊対義語は「冗長」。

酢

対抗
負けまいと競い合うこと。互いに張り合うこと。

侵入
✕ 浸入

紛らす

執筆
文章を書くこと。

端緒
物事の始まり。

脚本

為政者
政治を行う人。

全幅
完全で余地のないこと。あらん限り。ありったけ。

荷担
仲間になって力を貸すこと。
✕ 加担

看破
見やぶること。

仮説
ある現象を合理的に説明するため、仮に立てる説。

双肩
＊「双肩に担う」で「責任、義務を引き受けている」の意。

寓話
擬人化した動物などを主人公に、教訓や風刺を織り込んだ物語。

栄冠
栄誉。輝かしい勝利。
✕ 英冠

幽閉
閉じ込めること。

画然
区別や違いがはっきりとしているさま。

素案
はじめの大本となる考え。

備忘録
忘れたときのために、要点を書き留めておくノート。メモ。

相応
ふさわしいこと。

疲労

コラム1

「同音異義語」は、受験漢字の最大のポイント

センター試験では、「傍線部ア～オに相当する漢字を含むものを、次の各群の①～⑤のうちから、それぞれ一つ選べ」というような形式で、漢字問題が出題される。これは、言い換えれば、「同音（訓）が5つ以上ない漢字は、センター試験では出題されることはない」ということでもある。

「コウ」「セイ」など、同音が多い漢字は、センター試験では出題されやすいものだから、即座に脳内変換できるようにしておこう。

もちろん、センター試験はよく考えられた試験なので、「同音が多い漢字」に注目するだけでは、対処できない問題も多い。

過去の例で、「ボウ」という漢字を問う問題には、「お調子者にツウボウを食らわす」という選択肢もあった。「ツウボウ」という言葉をすぐに「痛棒」という漢字に変換できる受験生は、そう多くはないだろう。語彙力を強化するのも一つの方法である。また、「犬も歩けば棒にあたる」などの慣用句から、打ちすえたり、食らわしたりするのは「棒」で、それは「痛い」と類推する力を養うことも必要である。

センター試験に限らず、「同音異義語」は、もっとも出題されやすいパターンの一つである。以下に、意味も似ている「同音異義語」をセットで掲載した。確認しておいてほしい。

意思（意思を表明する）
意志（意志が薄弱だ）

解放（人質を解放する）
開放（窓を開放する）

成果（努力の成果）
声価（声価が高まる）

偏在（地方に偏在する）
遍在（全国に遍在する）

紹介（人を紹介する）
照会（身元を照会する）

過程（制作の過程）
課程（教育課程）

後世（後世に伝える）
後生（後生おそるべし）

回顧（回顧録を読む）
懐古（懐古談にふける）

関心（強い関心をもつ）
歓心（人の歓心を買う）

精算（借金を精算する）
清算（過去を清算する）

収拾（事態を収拾する）
収集（切手を収集する）

状態（困難な状態）
常態（常態に復する）

解答（入学試験の解答）
回答（意識調査の回答）

究明（原因を究明する）
糾明（責任を糾明する）

進展（事態が進展する）
伸展（事業が伸展する）

敷設（鉄道を敷設する）
付設（小屋を付設する）

固辞（申し出を固辞する）
固持（考えを固持する）

異動（人事異動）
移動（場所を移動する）

書き

こうかく
例）平社員に――する。

ほうがん
例）多くの問題を――する。

ききゅう
例）平和を――する。

はてんこう
例）――な試み。

げどく
例）――剤を飲み助かる。

ぜんじょう
例）天子が――する。

はせい
例）――した言葉。

きかん
例）戦地から――する。

じょうき
例）――を逸した振る舞い。

くつじょく
例）――的な敗北。

ふくそう
例）おしゃれな――。

しゅくはい
例）――をあげる。

ちんちょう
例）非常食として――される。

りゅうき
例）土地が――する。

とうてつ
例）――した理論。

しかく
例）捜査の――になっていた。

しょうさん
例）出来映えを――する。

かくだん
例）一年前に比べ――に上達した。

にぶる
例）刀の切れ味が――。

じんりん
例）――から外れる。

おんしょう
例）犯罪の――となる。

くろう
例）資金繰りに――する。

きよ
例）発展に――する。

かせん
例）――企業。

のうむ
例）周囲が――に包まれる。

読み

降格
階級や地位を下げること。格下げ。＊対義語は「昇格」。

包含
内部に包み含んでいること。

希求
強く願って求めること。

破天荒
今までだれもしたことのないことをすること。未曾有。前代未聞。

解毒
体内に入った毒の作用を除くこと。

禅譲
能力を重視する、君主交代の形式。✕禅定

派生
基になるものから、分かれてできること。

帰還
遠方から基地や故国に帰ること。✕帰環

常軌
常に行うべき普通のやり方。常道。

屈辱
屈服させられて、はずかしめられること。

服装

祝杯

珍重
珍しいものとして、大事に扱われること。

隆起
高く盛り上がること。

透徹
筋道がはっきりと通っていること。

死角

称賛・賞賛

格段
物事の程度の差がはなはだしいこと。

鈍る
鋭さなどがなくなる。

人倫
人の道や倫理。道徳。

温床
ある結果を生み出しやすい環境。

苦労

寄与
社会や人に貢献すること。

寡占
少数の者が市場を支配している状態。

濃霧
周りの見えなくなるような濃い霧のこと。

書《き》

いっかん
例）内容が――している。

すいじゃく
例）病気で――する。

ひろう
例）新曲を――する。

いんさつ
例）年賀状を――する。

げんじ
例）無責任な――を弄する。

かいにゅう
例）紛争に――する。

ぎぜん
例）――者とののしる。

ばんかん
例）――の思い。

こんたん
例）相手の――を見抜く。

なみたいてい
例）――の努力ではできない。

うんぱん
例）荷物を――する。

じゅうなん
例）――体操をする。

しいる
例）苦行を――。

ひくつ
例）――な態度。

すべる
例）氷の上を――。

ゆうれい
例）――に出くわす。

へいがい
例）経済成長の――。

そち
例）適切な――をとる。

ぞくせつ
例）――を信用する。

いたく
例）専門業者に――する。

へんちょう
例）学力――の見方。

べんべつ
例）違いを――する。

しょうぞう
例）自己の――画。

ちょうしゅ
例）事情を――する。

まっちゃ
例）――をいただく。

読み

- **一貫** 一つの方針、態度で終始変わらないこと。
- **衰弱** ×衰若
- **披露** 広く人に知らせること。公表すること。×被露
- **印刷**
- **言辞** 言葉遣いや言葉。
- **介入** 当事者以外の人が間に入ること。
- **偽善** ×擬善。
- **万感** 一時に心に浮かぶさまざまな思い。
- **魂胆** 心の中にあるたくらみ。策略。
- **並大抵** ごく普通。ひととおり。＊多く打ち消しの言葉を伴って用いる。
- **運搬** ×運般
- **柔軟** やわらかく、しなやかなこと。
- **強いる**
- **卑屈** いじけて、自分をいやしめること。
- **滑る**
- **幽霊**
- **弊害** 他に悪い影響を与えるもの。×幣害
- **措置** ×借置
- **俗説** ×族説
- **委託** 仕事等を人に頼んで代わりにやってもらうこと。
- **偏重** ×編重
- **弁別** 違いなどをはっきり見分けること。
- **肖像**
- **聴取**
- **抹茶**

書《き》

くる
例）ページを――。

はいりょ
例）隣人に――する。

しんび
例）芸術についての――がある。

せったく
例）ぜひ――へお越しください。

せいきゅう
例）――に判断する。

りょうよう
例）自宅で――する。

いぎょう
例）――を成し遂げる。

ぶたい
例）演劇の――に上がる。

こばむ
例）提案を――。

いさい
例）――を実行する。

かんねん
例）固定――にとらわれる。

じゅくすい
例）昼まで――した。

しんしょく
例）――を共にする。

ひょうはく
例）タオルを――する。

ねんぐ
例）――の納め時。

たずさえる
例）食料を――。

しが
例）――にもかけない。

かいい
例）――な事件。

かいきゅう
例）――の念。

あんしょう
例）船が――に乗り上げる。

しょうがい
例）――忘れられない出来事。

きょうきん
例）――を開く。

ついせき
例）容疑者を――する。

かんりょう
例）国家――を目指す。

くもつ
例）――を捧げる。

読み

繰る
順にめぐる。

配慮

審美
美しさを的確に判断すること。美の本質・現象を研究すること。

拙宅
自宅をへりくだって言う表現。

性急
気が短く、せっかちなこと。

療養
病気を治すために治療し体を休めること。

偉業
優れた仕事。

舞台

拒む

委細
詳しい事情。細かいことまですべて。

観念
物事についての考え、意識。

熟睡

寝食

漂白

年貢
*「年貢の納め時」で「過去の悪事の償いをしなくてはならない時期」の意。

携える
手に持ったり、身につけたりする。

歯牙
*「歯牙にもかけない」で「問題にしない。無視して相手にしない」の意。

怪異
非現実的な不思議な事実。

懐旧
昔を懐かしく思い出すこと。

暗礁
海面下の岩や珊瑚礁。

生涯
×生概

胸襟
心の中。*「胸襟を開く」で「思っていることをすっかり打ち明ける」の意。

追跡
物事の経過をたどり、調べること。

官僚
×官寮

供物
そなえもの。*読みも重要。「きゅうもつ」ではない。

書き

- かんそ　例）――な住まい。
- へだてる　例）ついたてで――。
- どうたい　例）飛行機が――着陸する。
- そうせん　例）――して物事に取り組む。
- にゅうわ　例）――な表情を浮かべる。
- かたわら　例）道の――で休む。
- ばくはつ　例）怒りが――する。
- とくしか　例）――に寄付を求む。
- れいこく　例）――な決断を下す。
- こしつ　例）物事に――する。
- やわらかい　例）――球で遊ぶ。
- ふはい　例）――した政治。
- しさい　例）――に調査する。
- しょうばん　例）一生の――を得る。
- あいしゅう　例）――がただよう。
- けいてき　例）――を鳴らす。
- ふじょう　例）潜水艦が――する。
- けっぺき　例）彼は――症だ。
- せいいん　例）その団体の――である。
- ふかぶん
- たいまん　例）――を指摘する。
- ていたい　例）景気が――する。
- ともなう　例）危険を――仕事。
- ちょうじ　例）時代の――となる。
- まんぜん　例）――と日々を過ごす。

読み

簡素
質素な様子。

隔てる
× 融てる

胴体

率先
人の先に立って物事を行うこと。× 卒先

柔和
表情などが穏やかで優しいこと。

傍ら
そば。すぐ近く。その間に。

爆発

篤志家
情に厚く、援助を惜しまない人物のこと。

冷酷
思いやりがなくむごいこと。

固執
自分の考えをかたくなに譲らないこと。

軟らかい

腐敗
腐ること。堕落すること。

子細
細かく詳しいさま。

相伴
ともに行動すること。伴侶。

哀愁
もの悲しいこと。

警笛

浮上
水上に浮かび上がること。

潔癖
きれい好き。わずかな不潔でも許さない性質。

成員
組織などを構成する者。メンバー。

不可分
結びつきが強く切り離せないこと。

怠慢
× 怠漫

停滞
物事が順調に進まないこと。

伴う
一緒に行く。ついていく。ある事柄に応じて生じる。

寵児
世にもてはやされる人。

漫然
× 慢然

書き

なぐる
例）怒りにまかせて――。

しんせん
例）――な魚介類。

さくじょ
例）項目を――する。

せいやく
例）法律上の――を受ける。

きょうめい
例）――する音。

あざやか

たげんてき
例）――な考え方。

しゅうしゅう
例）化石を――する。

がいたん
例）現代の若者を――する。

いまわしい
例）――記憶がよみがえる。

じっせん
例）学んだことを――する。

しんじん
例）――な意味。

いきょく
例）――を尽くした解説。

ちょうせい
例）角度を――する。

かくご
例）――を決める。

たぎせい
例）――に富む言葉。

しゅわん
例）――が問われる。

ぞうさ
例）――もないこと。

きょうい
例）核兵器の――。

しんしゅ
例）――の気性。

ほそう
例）道路を――する。

むぞうさ
例）――に投げ捨てる。

せいさい
例）悪人に――を加える。

かいしゃく
例）文章を――する。

きちょう
例）――な食料。

読み

- **殴る**
- **新鮮** 新しくていきいきしているさま。
- **削除** ×削徐
- **制約** 期限や条件を付けて自由に活動させないこと。
- **共鳴**
- **鮮やか**
- **多元的** 物事の要素・根源がいくつもあるさま。＊対義語は「一元的」。
- **収集**
- **慨嘆** なげいて憤ること。×概嘆
- **忌まわしい** 人を非常に不愉快にさせるさま。
- **実践** 主義や理論を自ら実際に行うこと。
- **深甚** 非常に深いこと。ひととおりではないこと。
- **委曲** 詳しいこと。詳細なこと。
- **調整** ある基準に合わせて正しく整えること。
- **覚悟** ×覚吾
- **多義性** 一語がいろいろな意味を持つこと。
- **手腕**
- **造作** 費用や手間のかかること。
- **脅威** ＊すばらしいものに対する驚きには、「驚異」を使う。
- **進取** 自ら進んで新しいことに取り組むこと。×新種
- **舗装** 耐久性を増すために、道路の表面をアスファルトなどで固めること。×補装
- **無造作** たやすいこと。
- **制裁** ×征裁
- **解釈** 意味・内容を解き明かし説明すること。
- **貴重**

書き

こくし
例）労働者を――する。

ざっとう
例）都会の――にまぎれる。

そうさく
例）行方を――する。

せんど
例）魚の――。

やくびょうがみ
例）君はとんだ――だ。

ひんこん
例）――の中に育つ。

こちょう
例）――して物を言う。

すいしょう
例）最新型を――する。

えっけん
例）大臣に――する。

きそ
例）――的な知識。

ごさ
例）それは――の範囲だ。

げんそう
例）――的な雰囲気。

せんめい
例）――に記憶している。

かたすみ
例）部屋の――。

ひがい
例）犯罪の――に遭う。

きびん
例）――な動き。

いどむ
例）戦いを――。

だいたん
例）――不敵。

きゅうけい
例）喫茶店で――する。

ささげる
例）一生を君に――。

しゅうねん
例）――深い性格だ。

こうし
例）実力を――する。

れいこん
例）――の存在を信じる。

むそう
例）――だにしない出来事。

おうちゃく
例）――をしたことが見つかる。

059 読み

- **酷使** こきつかうこと。
- **雑踏** 人ごみ。
- **捜索** さがすこと。
- **鮮度**
- **疫病神** 疫病を流行させるという神のこと。転じて災難をもたらすとして嫌われる人。
- **貧困**
- **誇張** 実際よりも大げさに表現すること。
- **推奨** 推薦すること。
- **謁見** 身分の高い人、目上の人に会うこと。
- **基礎** ×基磁
- **誤差** 真の値と測定値または近似値との差。
- **幻想** 現実ではないことを思い描くこと。
- **鮮明** はっきりしていること。
- **片隅**
- **被害** *対義語は「加害」。
- **機敏** 時に応じてすばやく判断、行動するさま。
- **挑む**
- **大胆** ×大坦、×大担
- **休憩** 活動を一時やめて休むこと。
- **捧げる** 自分の事を顧みずに、ひたすら相手に尽くす。
- **執念** 執着するしつこい心。
- **行使** 武力・権力や権利などを使うこと。
- **霊魂** 肉体の中に宿るとされる魂。
- **夢想** 夢の中で思うこと。夢に見ること。
- **横着** すべきことを怠けてしないこと。

書《き》

いちゅう
例）――を探る。

ごかく
例）――に渡り合う実力。

しゅうしゅく
例）筋肉が――する。

しだん
例）世間から――される。

しょうてん
例）社長に――を当てた特集。

まったん
例）組織の――。

かたよる
例）栄養が――。

きょうくん
例）貴重な――を得る。

かくしん
例）事件の――に迫る。

いあつ
例）――的な態度。

いんがりつ

かへい
例）――を鋳造する。

ふんしつ
例）書類を――する。

かどう
例）機械が――している。

そうだい
例）――な物語。

ゆうり
例）庶民感覚から――した考え。

けんびきょう
例）――で見る。

こくびゃく
例）法廷で――をつける。

ばいよう
例）菌を――する。

かいじょ
例）高齢者を――する。

ふち
例）庭石を――する。

ちまなこ
例）――になって探す。

てんらん
例）商品を――する。

ひかく
例）前作との――。

どうてい
例）ここまでの――。

読み

意中
心の中。

互角
双方の力量が同じ程度で優劣の差がないこと。

収縮
縮むこと。引きしめて縮むこと。

指弾
非難して排斥すること。
✕指断

焦点
人々の関心や注意が集まるところ。物事の中心となるところ。

末端
全体の端の部分のこと。

偏る
一方に寄って不均衡になる。

教訓
教えさとすことや、その教え。

核心
物事の中心となる大切な部分。重要部分。✕確心

威圧
✕戚圧

因果律
すべての事象は必ず原因となる事象が存在するという法則。

貨幣
✕貸弊

紛失

稼動
機械が動いていること。
✕可動

壮大
規模が大きく立派なこと。

遊離
離れているさま。

顕微鏡

黒白
物事の善悪・是非など。

培養
✕培用、✕倍養

介助
病人、高齢者に付き添い動作を手助けする。

布置
物を適当なところに置き並べること。配置。

血眼

展覧
作品などを並べて見せること。

比較

道程
歩んできた道のり。

書き

やぼ
例）──な質問だった。

ふよう
例）景気を──させる。

そうぜつ
例）──な争いを繰り広げる。

こうけん
例）おいを──する。

かんよう
例）──句を用いる。

ちかく
例）──変動を計測する。

はいおく
例）──の多い田舎。

けいたい
例）辞書を──する。

ろうほう
例）息子から──が届く。

はいき
例）──処分にする。

のうしゅく
例）果汁を──したジュース。

さっち
例）危険を──する。

ちきゅうぎ
例）──を回す。

でんどう
例）オペラの──。

きがん
例）戦争の終結を──する。

とぼしい
例）活動資金が──。

おうぼう
例）──な態度。

せいぎ
例）──感の強い人間。

ちゅうかい
例）物件を──する。

しんぎ
例）修行し──を追求する。

ぎゃくたい
例）幼児──を未然に防ぐ。

へいさ
例）──的な社会。

ごうか
例）──な装飾。

さんじ
例）惜しみない──。

かんしゅう
例）古い──を破る。

読み

野暮
人情に疎いこと。
＊対義語は「粋」。

浮揚
水上・空中に浮き上がること。

壮絶
非常に勇ましく激しいこと。

後見
後ろだてとなって面倒を見ること。特に年少の者の代理となって補佐すること。

慣用
✕寛容

地殻
✕地角、✕地穀

廃屋
住む人がないままに、荒れはてた家屋。

携帯

朗報
よい知らせのこと。

廃棄
不用なものとして捨てること。

濃縮
濃度を高くすること。

察知
✕察致

地球儀
✕地球義

殿堂
大規模で立派な建造物。その分野の中心的存在となる建物。

祈願
✕折願

乏しい
足りない。十分でない。

横暴
無礼なさま。

正義
道徳的に正しい観念。人が従う正しい道理。

仲介
当事者の間に立って便宜を図ること。

真義
本当の意義。
✕真偽、✕心技

虐待
ひどい扱いをすること。
✕虐対

閉鎖
出入り口などを閉ざすこと。
＊対義語は「開放」。

豪華

賛辞

慣習
ある社会で古くから受け継がれてきている生活上のならわし。しきたり。

書き

いさん
例）——を分配する。

うったえる
例）環境改善を——。

きょひ
例）申し入れを——する。

ひんきゅう
例）不況で——に陥る。

ゆうち
例）工場を——する。

だする
例）底辺の生活に——。

おろか
例）——にも騙された。

おもわく
例）——が外れる。

つうかん
例）力不足を——する。

ぜんてい
例）——となる理論。

かんかつ
例）——外の出来事。

しょうそう
例）それは時期——だ。

げんたい
例）食欲が——する。

ほうぎょ
例）天皇陛下の——。

しょうめつ
例）可能性が——する。

とうせき
例）人工——。

おうこう
例）汚職が——する。

よくそう
例）——に入りくつろぐ。

かん
例）彼は——がいい。

こうけつ
例）——の士。

ようと
例）本来の——とは異なる。

ぎそう
例）産地を——する。

きょこう
例）——の話。

けんかく
例）親子の意識が——している。

さんいつ
例）研究資料が——する。

読み

遺産

訴える

拒否
拒んで断ること。

貧窮
生計が立てられないこと。

誘致
企業などを招きよせること。

堕する
物事がよくない状態に陥る。

愚か
頭の働きが鈍い、考えが足りないさま。

思惑
局面の展開についての自己中心的な期待。

痛感
強く感じること。

前提
物事が成り立つための前置きとなる条件。

管轄
× 菅轄

尚早
事をなすにはまだ早すぎること。

減退
減ってなくなること。衰え弱ること。＊対義語は「増進」。

崩御
天皇・皇后・皇太后・太皇太后を敬ってその死を言う語。

消滅
消えてなくなること。

透析
コロイド溶液や高分子溶液から低分子の不純物を除去すること。

横行
悪事が盛んに行われること。

浴槽

勘
物事を直感的に感じ取る能力。第六感。

高潔
心が気高く、清らかなさま。

用途
使いみち。

偽装

虚構
事実ではないことを事実らしく作り上げること。フィクション。

懸隔
二つの物事がかけ離れていること。

散逸
まとまっていた書物、文献がばらばらになって行方がわからなくなること。

書き

かかえる
例）不安を——。

がんたん
例）——に雑煮を食べる。

ひっし
例）解散は——だ。

かんか
例）——できない問題点。

ひふ
例）——をやけどする。

こうまん
例）——な態度。

かんらく
例）拠点が——する。

いっさい
例）——の関係を断つ。

こうりょう
例）——たる草原。

へいよう
例）二つの方法を——する。

じゃっかん
例）——の人数が必要だ。

しろうと
例）——とは思えない腕前だ。

みとめる
例）容疑者が罪を——。

そよう
例）音楽の——がある。

あみだな
例）——の上に荷物を置く。

えたい
例）——の知れない相手。

ただす
例）発言の本意を——。

はいはん
例）二律——。

かしこい
例）——少年。

ぼうとう
例）野菜の値段が——する。

かんせい
例）——な住宅街。

ざんこく
例）——な仕打ちを受ける。

かかげる
例）大漁旗を——。

きょうぐう
例）悲惨な——の子ども。

りゅうさん
例）——を使った実験。

読み

抱える

元旦
一年の初めの日。一月一日。

必至
必ずそうなること。必然。
✕ 必死

看過
よくない物事を見過ごすこと。

皮膚
✕ 皮膚

高慢
自分が優れていると思って、他をあなどること。

陥落
敵に攻め落とされること。

一切
すべて。ことごとく。

荒涼
荒れ果ててものさびしいさま。

併用
あるものを他のものとともに用いること。一緒に使うこと。

若干
＊「弱冠」は二十歳のこと。

素人
＊対義語は「玄人」。

認める
肯定する。受け入れる。

素養
普段から心がけて身につけた知識・教養。たしなみ。

網棚

得体
実体。正体。

質す
✕ 正す

背反
＊「二律背反」とは、二つの命題が矛盾、対立して両立しないこと。

賢い

暴騰
物価、株価などが急激に上がること。
＊対義語は「暴落」。

閑静
静かでひっそりとしたさま。

残酷
無慈悲で酷いこと。

掲げる
✕ 提げる

境遇
人が置かれている状況。
✕ 境偶、✕ 境隅

硫酸
強い酸性の液体。

書き

しょみん
例）――的な感覚。

へんしゅう
例）ビデオを――する。

ほり
例）城の周りの――。

いてつく
例）――朝の道。

しゅしゃ
例）――選択する。

ぼうしょう
例）裁判で――を並べる。

いど
例）――が高いので、寒い。

むねあげ
例）新築の――をする。

どんよく
例）金に――な一面。

なまける
例）仕事を――。

はなお
例）草履の――。

しゅうちゃく
例）物事に――する。

まんきつ
例）休日を――する。

けいき
例）重大事件が――する。

かんたん
例）――相照らす（親しくつきあう）。

ちょうれい
例）――に遅刻する。

ちょうかい
例）――免職処分を受ける。

いっちょう
例）――一夕ではできない。

へんきょう
例）――な性格。

ふか
例）――がかかる。

ひたる
例）思い出に――。

はんこう
例）――的な態度。

ゆずる
例）高齢者に席を――。

しあん
例）あれこれと――する。

しょくたく
例）資料収集を――する。

読み

庶民

編集

堀
城の周囲にある、侵入を防ぐ溝。

凍てつく
こおりつく。

取捨
×取拾

傍証
間接的な証拠。

緯度
赤道を零度として、それと平行に南北に地球を横に切る線の目盛り。

棟上げ
建物を新築する際に行う儀式。

貪欲
強い欲望を持つこと。

怠ける
義務を果たさず無駄に過ごす。

鼻緒

執着
一つのことに心をとらわれて、離れられないこと。

満喫

継起
物事が相次いで起こること。

肝胆
心の奥底。真実の心。

朝礼
会社や学校で始業前に全員が集まり、挨拶、連絡などを行う会。朝会。

懲戒
不正・不当な行為に対して制裁を与えること。

一朝
ある朝。わずかな間。

偏狭
度量の小さいこと。考えが偏っていて狭いこと。

負荷
×不荷、×負加

浸る
×侵る

反抗

譲る
×嬢る

思案
×私案、×試案

嘱託
任せること。

書《き》

きせき
例）――が起こる。

じょうたい
例）――に戻る。

いっぺんとう
例）夏はアイス――だ。

きょひけん
例）――を発動する。

おうぎ
例）武芸の――を極める。

ほうのう
例）絵馬を――する。

れんめん
例）昔から――と続く老舗。

かんだい
例）――な処置。

しゅうせん
例）宿を――する。

させん
例）地方支社に――される。

いちぐう
例）――の見解。

もうれつ
例）――な寒波。

ししょう
例）――と弟子。

そうごう
例）――を崩す。

ぼくしゅ
例）旧習を――する。

ていする
例）苦言を――。

つうれつ
例）――な一撃。

ぼうぎゃく
例）――の限りを尽くす。

とうげい
例）――の大家。

はくそう
例）文献を――する。

きょうごう
例）他社と――する。

うかがう
例）用件を――。

とっぴ
例）――な行動。

いぎ
例）結論に――を唱える。

そうばん
例）彼は――出世するだろう。

読み

奇跡・奇蹟
✕希跡

常態
いつもの状態。

一辺倒
ある一つの対象のみに心を傾けること。

拒否権
✕拒非権

奥義

奉納
神や仏に物品を供えたり、その前で芸能、競技を行ったりすること。

連綿
長く続いて途絶えないさま。

寛大
度量が大きく、思いやりがあるさま。

周旋
売買や雇用などの交渉で間に立ち世話をすること。

左遷
前より低い地位にうつすこと。

一隅
片隅。
✕一偶、✕一遇

猛烈
勢いがとても激しいこと。程度がはなはだしいさま。

師匠
学問や武術、芸術の師、先生。

相好
顔つきや表情。*「相好を崩す」で「それまでの表情を変えてにこにこする」の意。

墨守
主張や習慣をかたくなに変えないこと。

呈する
示す。差し出す。
✕提する

痛烈
手厳しく働きかけること。

暴虐
乱暴でむごい行い。

陶芸
粘土で陶磁器を作る技芸・工芸。

博捜
いろいろ捜し求めること。

競合
競り合うこと。

伺う
✕窺う。

突飛
風変わりなさま。奇抜。

異議
反対や不賛成の意見。不服の意思表示。✕異義

早晩
遅かれ早かれ。

書き

むぼう
例）――な計画を立てる。

ちょうこく
例）大理石で――を作る。

かんてい
例）――に入る。

かっきてき
例）――な発明品。

こうてい
例）彼の意見を――する。

じゅみょう
例）――が尽きる。

はいち
例）家具の――を変える。

すける
例）肌の――ブラウス。

せんおう
例）――な振る舞い。

しゅうし
例）対応策に――する。

ぎり
例）――を通す。

しゅこう
例）――しかねる意見。

ようそう
例）悲惨な――を呈する。

しんぱん
例）領海を――する。

かんぺき
例）――な出来栄え。

しゃこう
例）カーテンで――する。

こんめい
例）――する政局。

こうとう
例）地価が――する。

かいじ
例）情報を――する。

さくいん
例）――を開く。

くうどう
例）産業の――化が目立つ。

こよう
例）労働者を――する。

いはん
例）規約に――する。

ぎじ
例）宇宙遊泳の――体験。

かがやく

読み

無謀
先のことを考えない乱暴な行い。✕ 無望

彫刻
石や木などを彫って作った立体的な像、作品。

官邸
大臣・長官など高級官吏の住宅として国が用意した邸宅。

画期的
時代を区切るほど目覚ましい様子。エポックメーキング。

肯定
＊対義語は「否定」。

寿命
✕ 寿明

配置

透ける

専横
自分勝手に行動すること。

終始

義理
物事の正しい筋道。

首肯
肯定の意味でうなずくこと。

様相
物事の有様。様子。

侵犯
✕ 浸犯

完璧
✕ 完壁

遮光

混迷
混乱し、複雑に入り組んで見通しの立たないさま。

高騰
物価などが著しく上がること。✕ 高謄

開示
事柄の内容を明らかに示すこと。

索引

空洞
内部が虚ろであること。

雇用
賃金を支払い、人をやとうこと。

違反

疑似・擬似
よく似て紛らわしいもの。

輝く

書き

はさむ
例）口を――。

こくじ
例）――した双子。

ていしょう
例）平和を――する。

じょうまん
例）――な説明。

かろうじて
例）――生き残る。

いんえい
例）絵に――をつける。

りんり
例）――的責任を負う。

はき
例）――のない返事。

やしき
例）門構えの立派な――。

えんかい
例）――を開く。

つる
例）海老で鯛を――。

そじゅつ
例）師の学説を――する。

のうりょう
例）川辺に――に出掛けた。

かんしょう
例）――地帯。

ふかん
例）全体を――する。

しょうち
例）事情を――している。

いちまつ
例）――の不安を抱く。

みぞ
例）――を埋める。

いっせい
例）――捜査を開始する。

じあい
例）――に満ちた表情。

けはい
例）人の――を察する。

だけつ
例）交渉が――する。

ないほう
例）他の要素を――する。

そくおう
例）――した考え。

さくい
例）――の跡がある。

読み

挟む

酷似
区別が付かないほどよく似ていること。

提唱
新しい考えなどを示し、発表すること。

冗漫
無駄が多く、まとまっていないこと。

辛うじて
ぎりぎり。なんとか。

陰影
光の当たらない暗い部分。

倫理
人として守っていくべき道。

覇気
やる気や意気込みのこと。

屋敷

宴会

釣る
*「海老で鯛を釣る」で「わずかな労力や品物で大きな利益を得る」の意。

祖述
先人の説を受け継ぎ述べること。

納涼
暑さを避けて涼しさを味わうこと。

緩衝
衝撃や不和などをやわらげること。

俯瞰
高い所から見下ろし眺めること。*類義語は「鳥瞰」。

承知
よく知り、理解していること。心得ていること。

一抹
ほんのわずか。かすか。

溝

一斉
同時にそろって物事を行うこと。

慈愛
慈しみや愛情のこと。

気配

妥結
利害の対立する二者が互いに折れ合って話がまとまること。

内包
内部に持つこと。

即応
臨機応変に対応すること。

作為
× 作偽

書き

ゆうげん
例）――な美の世界。

きしょう
例）この金属は――だ。

あかつき
例）――の光。

めんどう
例）――事に巻き込まれる。

かまもと
例）陶磁器の――。

かんしょう
例）音楽――を趣味とする。

きんこう
例）都内――。

たいくつ
例）変化がなく――な日々。

しこう
例）芸術家を――する。

いっしん
例）好かれたい――。

しふく
例）――のひととき。

けいとう
例）純文学に――する。

しんぼく
例）――を深める。

ひかえる
例）発言を――。

きざむ
例）時計が時を――。

こりる
例）失敗に――。

おうしゅう
例）暴言の――。

もどる
例）株価が元に――。

ざんしょう
例）薄あかね色の――。

がいとう
例）――で聞き込みを行う。

きょり
例）――を置く。

ぎこう
例）――を凝らす。

へいこう
例）――感覚を養う。

とうごう
例）会社を――する。

ひめん
例）大臣を――する。

読み

幽玄
奥深くて計り知れないこと。

希少・稀少

暁

面倒
事態の進展に手間がかかり煩わしいこと。

窯元

鑑賞
＊芸術作品には「鑑賞」を、単に美しい、珍しいものには「観賞」を使う。

近郊
都市や町に近い場所。

退屈
×怠屈

志向
意識や考えがある対象に向かうこと。

一心
一つの物事に思いを集中すること。

至福

傾倒
夢中になること。

親睦
親しみ仲良くすること。

控える
順番に備え待つ。あることに配慮して自分の行動を制限する。

刻む

懲りる

応酬
双方から互いにやり取りすること。

戻る
以前の状態に再びなる。

残照
日没後に残る夕日の光。

街頭
街の通り。街角。

距離
二つの場所や物の間の隔たり。

技巧
芸術などにおける工夫。テクニック。

平衡
×平行、×並行

統合
複数のものを一つにまとめること。

罷免
公職を辞任させること。免職。

書き

うもれる うずもれる
例）家が雪に――。

ぶんきてん
例）人生の――に立つ。

くんこう
例）――を褒められる。

たくえつ
例）――した技術を持つ。

はんじょう
例）料理屋が――する。

しょうこ
例）犯罪の――を残す。

へんよう
例）街並が――していく。

たいこばん
例）味に――を押す。

ほうそう
例）贈り物を――する。

さんさく
例）公園を――する。

めいろう
例）――な性格。

おうおう
例）――にしてある。

まね
例）サルは人間の――をする。

すむ
例）仕事が早く――。

おりこむ
例）その費用は予算に――。

こどく
例）妻に先立たれ――だ。

てんじょう
例）――員に要望を言う。

ふずい
例）計画に――する課題。

おうかん
例）東京と京都を――する。

そんけい
例）祖父を――している。

けいやく
例）出版社と――する。

ろんぱ
例）反対意見を――する。

かんつう
例）トンネルが――する。

たんねん
例）――な作り。

ぎゃくせつ
例）――的な考え。

読み

- **埋もれる**　覆われて見えなくなる。
- **分岐点**　物事がどうなるのかの分かれ目。
- **勲功**　手柄のこと。
- **卓越**　群を抜いて優れていること。
- **繁盛**
- **証拠**　✕ 証処
- **変容**　外観・様子などが変わること。
- **太鼓判**　絶対に確実だという保証。＊「太鼓判を押す」で「品質が確かだと保証する」の意。
- **包装**
- **散策**　散歩。
- **明朗**　明るく朗らかなこと。
- **往々**　よくあること。頻繁。
- **真似**
- **済む**　事が片付く。
- **織りこむ**　一つのものの中に、他の内容を含める。
- **孤独**　仲間や身寄りがなく、ひとりぼっちで寂しいこと。
- **添乗**　他の人に付き添って同じ乗り物に乗ること。
- **付随**　✕ 附随
- **往還**　道を行き来すること。
- **尊敬**　優れたものとして敬うこと。
- **契約**
- **論破**　議論で相手の説を言い負かすこと。
- **貫通**　中を貫いて反対側に抜けること。
- **丹念**　誠心誠意を尽くし細かい点まで配慮すること。
- **逆説**　パラドックス。✕ 逆接

書き

りれき
例）立派な――の人。

あきらめる

しんぽう
例）思想を――する。

おろしね
例）――以上の売値。

きょうい
例）――の能力を発揮する。

さんせき
例）問題が――する。

じゅうおう
例）――無尽にかけまわる。

よゆう
例）――をもって出発する。

あざむく
例）敵を――。

けっしょう
例）努力の――。

いっする
例）話す機会を――。

ちんちゃく
例）――した色素。

そうけん
例）――な体つき。

ぞうわい
例）部長に――容疑がかかる。

てぶくろ
例）――をはめる。

いたん
例）彼の学説は――とされた。

まぬがれる
まぬかれる
例）責任を――。

そんげん
例）親としての――を保つ。

えいき
例）――を養う。

そうち
例）防犯――を取り付ける。

けいしょう
例）観念を――化する。

きぼ

はんぜん
例）――たる証拠。

ひょうてき
例）格好の――となる。

りんじょうかん
例）――あふれる映画。

読み

- **履歴** 経てきた職や学歴のこと。経歴。
- **諦める**
- **信奉** あがめ従うこと。
- **卸値**
- **驚異**
- **山積** ✕山績
- **縦横** あらゆる方面。四方八方。
- **余裕** ✕余由
- **欺く** 相手をだます。
- **結晶** ✕詰晶
- **逸する**
- **沈着** 沈んで底に定着すること。
- **壮健**
- **贈賄** 賄賂を贈ること。＊対義語は「収賄」、
- **手袋**
- **異端** 正統から外れていること。
- **免れる**
- **尊厳** 威厳があって冒しがたいこと。
- **英気** 物事に積極的に立ち向かおうとする気力。元気。
- **装置** ✕壮置
- **形象** 観念やイメージを具象化すること。
- **規模** 物事や仕組みなどの大きさ。
- **判然** はっきりとわかること。
- **標的** 狙いをつける的。
- **臨場感** 実際その場にいるかのような感覚。

書き

しせつ
例）養護――をつくる。

さす
例）バラを花びんに――。

さしょう
例）学歴を――する。

たき
例）選択内容は――にわたる。

きやつか
例）発言は――された。

はなはだしい
例）勘違いも――。

きょよう
例）――の範囲内だ。

かねる
例）生徒会長と応援団団長を――。

つむ
例）茶を――。

かいげん
例）演技に――する。

しゅりょう
例）――に出掛ける。

げんぜん
例）新たな社会が――する。

なげく
例）自らの不運を――。

どろぬま
例）――に陥る。

いだい
例）――な人物。

いろどり
例）――豊かな花々。

しっせき
例）部下を――する。

がんい
例）話の――を読み取る。

じたい
例）最悪の――に備える。

ふじょうり
例）――な判定。

がんめい
例）――な考え方。

ばいしょう
例）損害を――する。

じんじょう
例）――でない雰囲気。

かんせい
例）豊かな――を持つ。

こくげん
例）――が迫る。

読み

施設
×旋設

挿す
細長いものを他の中に入れる。

詐称
氏名、住所、年齢などを騙ること。

多岐
×多肢

却下
発言や請願などを退けること。

甚だしい
程度が普通の状態をはるかに超えている。

許容
その程度ならよしとして、認めて受け入れること。大目に見ること。

兼ねる
二つ以上の働き、役割を併せ持つ。

摘む

開眼
真理を悟ること。特に技術、芸能の道で真髄を悟り極致を極めること。

狩猟

現前
目の前に実在すること。

嘆く

泥沼
一度落ち込むと抜け出ることが困難な悪い状況。

偉大
優れて立派なさま。大きいさま。

彩り
色の取り合わせ。

叱責
しかること。

含意
表面に表れない意味。

事態
物事の様子や成り行き。
×事体

不条理
筋が通らないこと。道理に合わないこと。

頑迷
考え方に柔軟性がないこと。

賠償
×倍償、×培償

尋常
特別でなく普通であること。

感性
物事を心に感じ取る能力。

刻限

せいさい
例）――を放つ。

がいかつ
例）会議を――する。

かんげい
例）来客を――する。

しんえん
例）――な教え。

てったい
例）市場から――する。

れいたん
例）――な反応。

けんざい
例）問題が――化する。

こうそ
例）裁判で――する。

ひぼん
例）――な才能。

はんしょく
例）熱帯魚の――に成功する。

せまる
例）真実に――。

いよう
例）――な光景。

いこん
例）――を残さない別れ。

かんれき
例）祖母は――を迎えた。

けいしょう
例）伝統芸能を――する人物。

めいもう
例）――を破る。

ちんれつ
例）商品を――する。

むかえる
例）笑顔で人を――。

すえる
例）彼を部長に――。

こうげき
例）総力を挙げて敵を――する。

さとす
例）犯人を――。

あくたい
例）――をつく子ども。

ちんざ
例）中央に――する。

ふゆう
例）空中に――する。

えんかく
例）大学の――を知る。

読み

精彩
活気があり、鮮やかなさま。
× 生彩

概括
概要。まとめ。

歓迎
喜んで迎えること。

深遠
奥深く、容易にはかり知れないさま。

撤退

冷淡
そっけなく思いやりがないこと。

顕在
形に表れていること。
*対義語は「潜在」。

控訴
第一審判決に不服のある場合に、上級裁判所に再審査を求めること。

非凡
並でないこと。並みのものよりずっと優れていること。
*対義語は「平凡」。

繁殖
× 繁植

迫る
空間的、時間的に隔たりが小さくなる。

異様
× 違様

遺恨
晴らせないような深い恨み。
× 遺根。

還暦
数え年で61歳のこと。

継承
先代の身分や仕事、財産などを受け継ぐこと。

迷妄
嘘を真実だと信じること。

陳列
ものを見せるために並べておくこと。

迎える
やってくる人を待ち受ける。

据える
× 握える

攻撃
× 攻激

諭す
目下のものにことの道理を理解できるように言い聞かせる。 × 愉す

悪態
憎まれ口をきくこと。悪口。

鎮座
堂々と場所を占めていること。

浮遊
浮かび漂うこと。

沿革
学校・会社などの組織が、今日まで変貌・推移を重ねてきた、その歴史。

書き

くき
例）いもの――を引っ張る。

かれい
例）――に舞う。

いっぱん
例）――の家庭。

きい
例）――な事が起こる。

ほたる
例）――の光を川で見た。

はすう
例）――を切り上げる。

かたまり
例）肉の――。

だんぺん
例）記憶の――をつなぎ合わせる。

かくせい
例）昏睡状態から――する。

めいだい
例）至上――とする。

ゆいしょ
例）――ある伝統行事。

ろけん
例）企みが――する。

こくしょ
例）今年は――が続く。

かんしょう
例）――にひたる。

ふんすい
例）――の前で待ち合わせる。

すいま
例）――に襲われる。

ぼうえき
例）他国と――する。

がんけん
例）――な日本男児。

ちゅうかく
例）――をなす。

うなずく
例）二つ返事で――。

かちゅう
例）騒動の――の人物。

よれい
例）授業の――が鳴る。

せっぱく
例）期限が――する。

かっこう
例）奇抜な――。

ほうふく
例）――を受ける。

読み

茎

華麗
はでやかなさま。

一般
＊対義語は「特殊」。

奇異
常識から外れたおかしなこと。

蛍

端数
ある単位に満たない数。余りとなる小さい数。

塊

断片
細かくちぎれた一片。切れはし。わずかな一部分。

覚醒
目を覚ますこと。

命題
課せられた問題。自らに課した問題。判断の内容を言語で表したもの。

由緒
物事の起こりと、今に至るまでのいきさつ。

露顕
悪事や秘密が表に現れること。

酷暑
厳しい暑さ。

感傷
物事に触れ、心を痛めること。

噴水
✕墳水

睡魔

貿易
国際間の商業取引。交易。

頑健
身体が丈夫なさま。

中核
ものや考えの中心となるもの。

頷く

渦中
もめごとなどの中。

予鈴
講義などの開始少し前に鳴るベル。

切迫
✕切拍、✕接迫

格好
＊「恰好」とも書く。

報復
仕返しをすること。

コラム2

漢字のパーツに注意する!

携帯やパソコンなどでは、(同音異義語の間違いや変換ミスはあっても)その漢字自体を書き間違える、ということはあり得ない。なぜなら、そこに登録されているのは、すべて正しい漢字だからである。

しかし、実際の入試では、そのようなミスが頻発する。すべての字画をきちんと覚えていないゆえのミスである。「漢字は、書いて覚えろ」ということは、よく聞く言葉である。しかし、何も考えずに、ただ何回書いても、頭の中には正しい字形はインプットされない(最悪なのは、間違った字形を繰り返し書いて、それを覚えてしまうことである)。

また、同じ字を何度も書いていると、ゲシュタルト崩壊といって、正しい形を認識できなくなることもある。

「この漢字は、どういう部分が書き間違いやすいのか」ということを意識しつつ、漢字を書いたり、注視して、インプットしてほしい。漢字のパーツで注意すべき点は、次の5点である。

①点の有無　「専」の字には点はつかないが、「専」にヘンやカンムリがついたものには、点がつく(博・

縛・簿・薄など）。そのほか、「甫」や「亩」のパーツをもつものは点がつくが（「敷」など）、「恵」や「恵」を含む漢字には点がつかない（「穂」など）。

②ハネの有無 活字の違いによるハネの有無は、あまり神経質になる必要がないが、ハネていないと完全にアウトなのが、「虍（トラカンムリ／トラガシラ）」の漢字である。「虚・慮・劇」などの横線の右端は、必ずハネる。「虎にはキバがある」と覚えておこう。

③棒の長短 「末」と「未」は、上下の横棒の長さが異なる。この二つを間違って書くことは少ないと思われるが、これにヘンがつくと、混同してしまうことがでてくる。「抹・沫」などは、下の棒が短い「末」である。「昧・味・妹」は、下の棒が長い「未」である。下の棒が短いものは、ヘンがついても「マツ」と読む。

④棒の本数 「幸・南」という漢字は下の部分の横棒は2本だが、「達」は3本である。また、「嘆・難」の「莫」の部分の横棒は2本だが、「謹・勤・僅」などは3本である。「キンは3本」と覚えておこう。

⑤棒の突き出し 「当・侵・帰・雪」などは、「ヨ」と突き出さないが、「書・争・庸」などは「ヨ」と突き出す。このルールは、明快である。「タテ棒と横棒が交わるものは、『ヨ』と突き出し、そうでないものは『ヨ』となる」と覚えておこう。

書き取り

そくざ
例）――に対応する。

みりょう
例）観客を――する。

えいり
例）――団体。

うい
例）――転変。

きんぱく
例）――した空気に包まれる。

てんさく
例）作文を――する。

はいしゅつ
例）優秀な人材を――する。

ようかい
例）鉄を――する。

けいはく
例）若者の――な態度。

まかなう
例）寄付で費用を――。

じょうか
例）汚染された水を――する。

はくがんし
例）周りから――される。

あんねい
例）国の――を乱す。

そざい
例）木を――とした家。

せつじつ
例）――な思い。

さいなん
例）旅行先で――にあう。

そうぞく
例）父の財産を――する。

じゅんえき
例）――が減少する。

てっかい
例）前言を――する。

てきはつ
例）違法営業店舗を――する。

たいせき
例）土砂が――する。

けんしょう
例）――に応募する。

あいかん
例）人生の――を共有する。

はんい
例）テストの出題――を確かめる。

しんすい
例）彼に――する。

読み

即座
すぐに。その場で。

魅了
人の心を引きつけ夢中にさせること。

営利
経済的な利益を得る目的で行動すること。

有為
因縁によって起こる現象。
＊対義語は「無為」。

緊迫
状況が非常に差し迫っていること。

添削
他人の文章などを改めて直すこと。✕添作

輩出
優れた人物が次々に世に出ること。

溶解
溶けること。溶かすこと。

軽薄
言葉や態度が軽々しくて、思慮深さや誠実さが感じられないこと。

賄う
人手、費用などを用意する。

浄化
きれいにすること。

白眼視
意地の悪い目で見ること。冷遇すること。

安寧
平穏なこと。

素材

切実

災難
予想外な不幸。災厄。

相続

純益
総収入から総経費を引いた、純粋な利益。

撤回

摘発
悪事や不正をあばき世に発表すること。

堆積
＊類義語は「累積」。

懸賞
正解者や勝者、優れた作品の制作者などへの賞金や賞品。

哀歓
喜びと悲しみ。
✕哀勧

範囲
✕版囲

心酔
心を奪われ、夢中になること。

書《き》

はかる
例）脱出を――。

きょうよう
例）労働を――する。

せいしゅく
例）――にするよう求める。

たいこ
例）――の昔から伝わる。

うで
例）――が問われる。

さいそく
例）支払いを――する。

ちょうど
例）――を揃える。

こらす
例）趣向を――。

ぶべつ
例）――のまなざし。

ついきゅう
例）利潤を――する。

かびん
例）――な反応。

じょうちょ
例）――豊かな港町。

あっさく
例）果物を――する。

だせい
例）――で動く。

しもばしら
例）――が立つ朝。

ゆうりょ
例）事態を――する。

うけおい
例）――仕事。

おもなが
例）――な顔の女性。

そつう
例）意思の――を図る。

ろうえき
例）――を課す。

けんじ
例）実力を――する。

きんべん
例）――な学生。

はつろ
例）真情を――する。

なつかしい
例）郷里が――。

いっぴん
例）そうそうない――。

読み

図る

強要
無理に強いること。

静粛
静かにして慎んでいること。

太古
×大古

腕

催促
×催速

調度
生活に必要な身の回りの道具類。小型の家具。

凝らす
意識を一つのものに集中させる。そそぎこむ。

侮蔑
相手を見下しさげすむこと。軽蔑。

追求
目的を達するまでどこまでも求め続けること。
×追究、×追及

過敏
必要以上に敏感なこと。

情緒
物事に触れた際に起こる微妙な感情。

圧搾
圧力を加えてしぼること。

惰性
×堕性

霜柱

憂慮
心配すること。不安に思うこと。

請負
日限、報酬を取り決めた上で仕事を引き受けること。

面長

疎通
問題なく通ること。

労役
身体的な役務。肉体を使ってする仕事。

顕示
人目につきやすいように、はっきりと示すこと。

勤勉
一生懸命に精を出して励むこと。

発露
気持ちなどが、自然に態度・行動に現れること。

懐かしい

逸品

書《き》

くわだてる
例）悪事を——。

しゅうせき
例）——回路。

こうぼう
例）両者の激しい——。

けいく
例）文明を風刺した——。

よそおう
例）平静を——。

ふえき
例）——な教え。

ゆうかん
例）——マダム。

だんかい
例）——の世代。

しきべつ
例）敵と味方を——する。

じょうそう
例）——教育。

こうにゅう
例）食料を——する。

じんだい
例）——な被害を出す。

そうじ
例）部屋を——する。

かんさん
例）——としている。

しゅうじ
例）——を用いた文章。

はんがん
例）——びいき。

きょしん
例）——に聞く。

はいぐう
例）——者を得る。

ろうばしん
例）——から忠告する。

ぼきん
例）駅前で——する。

おだく
例）——した川。

どぐう
例）——を発掘する。

よくあつ
例）言論の自由を——する。

とる
例）指揮を——。

あんち
例）遺体を——する。

企てる 計画する。もくろむ。

集積 ×収積

攻防 攻めることと防ぐこと。

警句 簡潔かつ巧みに真理をついた言葉。

装う 表面や外観を飾って他のものに見せかける。ふりをする。

不易 不変であること。

有閑 生活に余裕があり、暇があること。

団塊 塊。×団鬼

識別 物事の相違を見分けること。×織別

情操 美しいもの、優れたものに接して感動する情感豊かな心。

購入 ×講入

甚大 程度が非常に大きいこと。

掃除

閑散 ひっそりと静まり返っていること。

修辞 言葉を巧みに使って効果的に表現すること。

判官 ＊「判官びいき」で「薄幸のものや弱者に同情し味方すること」の意。「ほうがん」とも。

虚心 先入観を持たず、素直であること。

配偶 結婚する相手方。

老婆心 必要以上に世話を焼こうとする自分の気持ちをへりくだっていう語。

募金

汚濁 汚く濁っていること。

土偶

抑圧 行動や欲望・意識などを無理に押さえつけること。

執る 手にとって使う。行う。しっかりとつかむ。道具を手に持つ。

安置 丁重に据え置くこと。

書き

へんれき
例）アジア諸国を――する。

れっとうかん
例）――に苛まれる。

せんりゃく
例）――を変える。

しょうがい
例）――を乗り越える。

てんか
例）責任を――する。

かきょう
例）話が――に入る。

じんりょく
例）人集めに――する。

たがやす

しんみょう
例）――な顔。

るいけい
例）各店舗の売り上げを――する。

しっき
例）――を買う。

そうなん
例）雪山で――する。

けいしゃ
例）屋根の――が急だ。

むだ
例）――な努力を続ける。

しゅみ
例）――と実益を兼ねる。

すれる
例）あわない靴でかかとが――。

すずしい
例）――風。

きち
例）――の事実。

せつれつ
例）――な論文。

はんばい
例）――網を拡張する。

がんじょう
例）――な身体。

うちょうてん
例）――になる。

きょうかい
例）東京と埼玉の――。

りっきゃく
例）――点をはっきりさせる。

ゆえつ
例）――を覚える。

読み

遍歴
各地をめぐり歩くこと。積み重ねた経験。

劣等感
自分がほかより劣っているという気持ち。＊対義語は「優越感」。

戦略
長期的・全体的展望に立った闘争の準備・計画・運用の方法。

障害
さまたげること。あることをするのにさまたげとなる状況。

転嫁
他になすりつけること。
✕ 転化

佳境
クライマックス。興味深い所。面白い場面。

尽力
目的の実現のために力を尽くすこと。

耕す

神妙
普段とは違って、おとなしく素直なこと。

累計
部分ごとの小計を順次に加えて合計を出すこと。

漆器

遭難
命を失うような危険にあうこと。

傾斜
✕ 頃斜

無駄
役に立たず、行う甲斐のないこと。

趣味

擦れる

涼しい

既知
✕ 概知。＊「機知」は「機転・とんち」の意。＊対義語は「未知」。

拙劣
下手で劣っていること。

販売

頑丈
丈夫な様子。

有頂天
仏教で最上にある天のこと。
✕ 有頂点

境界
✕ 鏡界

立脚
自分の立場を定めて、それをよりどころとすること。

愉悦
心から喜び楽しむこと。
✕ 喩悦

書き

しせい
例）――を正す。

ちんもく
例）――を守る。

りつどう
例）力強く――する。

ぐちょく
例）――に生きる。

さんよ
例）議会に――する。

きゅうぼう
例）――極まる状況。

ほうこ
例）民話は方言の――だ。

むじゃき
例）――に遊ぶ。

みっせつ
例）――な関係を保つ。

しんぎ
例）――を問う。

いんしつ
例）――な嫌がらせ。

ついずい
例）他の――を許さない。

ほうさく
例）労働者優遇の――をとる。

ちょちく
例）老後に備えて――する。

ひだい
例）――した自我。

はく
例）ジーンズを――。

しょうたい
例）パーティーに――する。

ほうせつ
例）ある概念を――する概念。

じゃどう
例）――なやり口。

ゆうい
例）――な人材。

だきょう
例）――して合意する。

なぐさめる
例）失意の友を――。

ようにん
例）違反を――する。

ろんし
例）――を告げる。

はばむ
例）計画を――。

読み

姿勢
×姿制

沈黙

律動
規則的にある動きが繰り返される周期的な運動。

愚直
正直すぎて気のきかないこと。ばか正直。

参与
物事に関わること。

窮乏
貧困に陥ること。

宝庫
資源を多量に産出するところ。貴重なものを多く含んでいるもの。

無邪気
素直で悪気がないさま。

密接
×密切

真偽
×真義、×審議

陰湿
陰気なさま。暗くてじめじめしたさま。

追随
人の業績などをまねて、それに追いつこうとすること。

方策
物事を処理するための手段。
×法策

貯蓄
財産を蓄えること。

肥大
太って大きくなること。

履く

招待
×紹待

包摂
ある範囲の中に包み入れること。

邪道
本筋から外れたやり方。

有為
能力があるさま。役に立つこと。

妥協
双方が譲り合って一致点を見出すこと。

慰める

容認
よいと認めて許すこと。大目に見ること。

論旨
議論の要点のこと。議論の筋道。

阻む

書き

しょうか
例）芸術活動に――する。

ぎょうてん
例）びっくり――する。

あいとう
例）――の意を示す。

じゅうけつ
例）徹夜明けの――した眼。

こんらん
例）現場は――に陥る。

はかい
例）機械を――する。

きかい
例）活躍の――を与えられる。

いへん
例）胃腸の――を訴える。

かぶん
例）――にして存じません。

ばくろ
例）秘密を――する。

だとう
例）――な判断を下す。

わくぐみ
例）計画の――。

たくばつ
例）――した技量を持つ。

ひびく
例）声が――。

かんすい
例）任務を――する。

しょうもう
例）体力を――する。

ふうが
例）――な光景。

ぶれいこう
例）今日は――だ。

たいけい
例）――的に学習する。

おんぞん
例）力を――する。

ゆるむ
例）ロープが――。

くえき
例）課せられた――。

せんすいかん
例）敵の――を発見する。

こうきゅう
例）――の平和を希求する。

かんまん
例）――な動作。

読み

昇華
物事が高次へと引き上げられること。✕昇化、✕消化

仰天

哀悼
死を悲しむこと。

充血

混乱
秩序がなく入り乱れること。

破壊
✕破懐

機会
時機。チャンス。物事をするのに丁度よいタイミング。

異変
普通では考えられないような出来事。目立った変化。

寡聞
知識が浅く、狭いこと。主に謙遜の意で用いる。✕過分

暴露
悪事や秘密などをあばいて明るみに出すこと。

妥当
実情によく当てはまっていること。適切であること。✕打当

枠組み
物事のあらまし。大筋。

卓抜
他に抜きん出て優れていること。

響く

完遂
完全にやりとげること。＊「かんつい」と読むのは誤り。

消耗
使ってなくなること。

風雅
高尚で優美であるさま。

無礼講
身分・地位を無視して行う宴会。

体系
個々の物を筋道を立てて秩序づけた組織、知識の全体。

温存
使わずに取っておくこと。

緩む

苦役
つらく苦しい労働。懲役。

潜水艦
水面下を潜航し、行動できる軍艦の総称。

恒久
ずっと変わらないこと。永久。

緩慢
のろのろ、ゆったりとしていること。

書き

へんざい
例）人口が都市部に――する。

ずのう
例）――を鍛える。

けいばつ
例）――を軽減する。

もよう
例）水玉――。

かくれ
例）逃げも――もしない。

ゆうえつ
例）――感に浸る。

ひょうしょう
例）功績を上げ――される。

あさせ
例）――で貝を獲る。

つまる
例）予定が――。

こうたく
例）――のある金属。

けいさつ
例）――署に駆け込む。

かたく
例）考えを主人公に――する。

げきれい
例）選手を――する。

せっしょく
例）対向車と――する。

つぐ
例）父から会社を――。

きょうちょう
例）違いを――する。

けっしゅつ
例）――した才能。

まいきょ
例）――にいとまがない。

しょうがい
例）――係が連絡を取る。

しんがい
例）人権を――する。

かげん
例）――の月が見える。

おかす
例）危険を――。

かくしつ
例）――が生じる。

かんとう
例）――賞を受賞する。

ふたん
例）――を軽減する。

読み

偏在
あるところにだけ偏って存在すること。

頭脳

刑罰
過ちに課せられる罰。

模様
ものの表面に表れた図形。

隠れ
身を潜めること。人に知られないでいること。

優越
他より優れること。

表彰
人々の前でほめたたえること。

浅瀬

詰まる

光沢
物の表面のつや。

警察

仮託
他のものに考えを借り、表現すること。

激励
励まして奮い立たせること。

接触
近づいて、触れること。

継ぐ
地位・職務・技などを継承する。相続する。

強調
特に強く主張すること。

傑出
ひときわ優れていること。

枚挙
一つひとつ数えること。

渉外
外部との交渉。

侵害
権利や領域をおかして損害を与えること。

下弦
満月から次の新月に至る間の、左半分が光る半月。
＊対義語は「上弦」。

冒す
無理を承知で挑戦する。汚す。

確執
互いに意見を主張して譲らないこと。そのために生じる不和。

敢闘
全力をふるって勇ましく戦うこと。

負担
力量を超えた仕事や責任。

書き

かくいつか
例）形が――される。

かいそう
例）いくつかの――に分かれている。

おおざっぱ
例）――な枠組み。

きょぜつ
例）面会を――する。

ぶんけん
例）過去の――を調べる。

せっちゅう
例）――案を出す。

はけん
例）――を握る支配者。

いはい
例）祖父の――を拝む。

きんとう
例）――に配分する。

こうりょ
例）可能性を――する。

しょうきゃく
例）ゴミを――する。

まめつ
例）タイヤが――する。

とくしゅ
例）――な環境で育つ。

ぜにん
例）相手の主張を――する。

ちけん
例）――を広める。

おとろえる

おそう
例）嵐が街を――。

せんもん
例）法学を――とする。

せんぱい
例）――に指導される。

へんこう
例）――した考え方。

ふぜい
例）――あるたたずまいの寺院。

ぐち
例）母に――をこぼす。

しんけん
例）――に話し合う。

えいち
例）――を結集する。

じゅうぜん
例）――な備え。

読み

画一化
特殊事情を考慮せずすべてを一様にすること。規格化。

階層
社会的、経済的地位がほぼ同じ程度の集団。

大雑把
委細を欠いた、大体のもののこと。

拒絶

文献

折衷
相容れない二つのものから良い点を少しずつ取って別のものを作ること。

覇権
覇者としての権力。他の者に勝って得た権力。

位牌
死者の霊をまつるため、戒名や法名などを記した木の札。

均等
平等で差がないさま。

考慮
判断・行動の前にいろいろな要素を考え合わせること。

焼却
焼き捨てること。

摩滅
すれ減り消耗すること。

特殊
×特株、×特種

是認
良いと認めること。
＊対義語は「否認」。

知見
実際に見て得た知識。

衰える

襲う

専門
×線門、×専問

先輩

偏向
×変向

風情
＊読みにも注意。「ふじょう」ではない。

愚痴
言っても仕方のないことを言って嘆くこと。

真剣
本気で物事に取り組むさま。

英知・叡智
優れた知恵。深く物事の道理に通じる才知。

十全
十分に整っていること。万全。×充全

書き

しゅくせい
例）反逆者を――する。

こんい
例）――にしている取引先。

あわい
例）――水色のスカート。

ぼんのう
例）修業で――を消滅させる。

こわだか
例）――に叫ぶ。

おだやか
例）――に暮らす。

かんばしい
例）――梅の香り。

しゅんじ
例）――に判断する。

げんこう
例）――を書く。

ずいしょ
例）ポイントが――に存在する。

せきしゅつ
例）成功パターンを――する。

らくたん
例）審査に通らず――する。

ぎぎ
例）質問で――をただす。

きおく
例）――にない。

こうせつ
例）――は問わない。

のびる
例）鼻の下が――。

ほんかい
例）――を遂げる。

ゆかい
例）――な時を過ごす。

だこう
例）――運転は危険だ。

ようりょう
例）――の悪い人。

ひょうしょう
例）視覚的に――する。

きょしょく
例）――のない言葉。

さとる
例）宇宙の真理を――。

ぎょうせき
例）――が悪化する。

せんぷう
例）――が吹き荒れる。

読み

粛清
厳しく取り締まり、乱れや不正なものを除くこと。
✕粛正

懇意
親しくしていること。

淡い

煩悩
人間の心身の苦しみを生み出す精神の働き。仏教用語。

声高
声を大きくするさま。

穏やか
✕隠やか

芳しい
匂いがよい。こうばしい。

瞬時
✕瞬次

原稿

随所
いたるところ。あちこち。

析出
統計的な資料を分析して、全般的な傾向などを知ること。

落胆
期待や希望通りにならず、がっかりすること。失望。

疑義
意味内容がはっきりしないこと。

記憶
✕記億、✕記臆

巧拙
上手と下手。巧みなこととつたないこと。

伸びる

本懐
かねてからの願望。本望。本意。

愉快
✕輸快、✕諭快

蛇行
蛇がはうように曲がりくねって行くこと。

要領
要点を心得た上手な処理の仕方。

表象
象徴的にあらわすこと。シンボル。

虚飾
内面を伴わない、外面の飾りだけのこと。

悟る

業績
✕業積

旋風
竜巻より小さい、渦巻き状のつむじ風。

書き

けいじ
例）神の――を受ける。

あまいろ
例）――の髪の美女。

たいしょう
例）高校生を――とした本。

ふっかん
例）雑誌を――する。

りんせつ
例）学校に――した宿舎。

こくひょう
例）専門家からの――。

かんてい
例）外国の――と衝突する。

しっぼく
例）――な性格。

ぎおん
例）――で表現する。

こう
例）助けを――。

ようしょう
例）交通の――。

るいじ
例）両者には――した点がある。

のうみつ
例）――な色彩。

ふしょうじ
例）――を謝罪する。

とうたつ
例）山頂に――する。

きょぎ
例）――の申請をする。

きかい
例）――な事件。

れんこう
例）――策を推奨する。

ふうさ
例）国境を――する。

きょむ
例）――感に襲われる。

せっしょう
例）労使間で――する。

しえん
例）独立運動を――する。

りくぞく
例）――と人が集まる。

そうけい
例）――に結論を出す。

けずる
例）鉛筆を――。

読み

啓示
指し示すこと。

亜麻色
薄い褐色。

対象
× 対照、× 対称

復刊

隣接
隣り合っていること。

酷評
手厳しく批評することや、その批評。

艦艇
大小の軍事用船舶の総称。

質朴
性格が素直で律儀なこと。純朴。素朴。

擬音
実際の音に似せて作り出す音。効果音。

乞う
他人に何かをしてくれるよう願う。

要衝
産業などの大事な地点。

類似
似通っていること。

濃密

不祥事
好ましくない事件。
× 不肖事

到達
× 倒達

虚偽
うそ。いつわり。

奇怪
あやしく不思議なさま。

連衡
個別に関係を結ぶ外交策のひとつ。

封鎖
出入り、出し入れをできないように封じ込めること。

虚無
何もなく、むなしいこと。空虚。

折衝
利害の一致しない人と交渉や駆け引きをすること。

支援
他人を援助すること。

陸続
途絶えることがないさま。

早計
よく考えず判断すること。

削る

書き

- けいこう　例）消費の——を読む。
- ちんでん　例）泥が——する。
- ぞうよ　例）愛蔵の書を——する。
- くらげ　例）盆すぎに出る——。
- しょはん　例）——の事情により中止。
- そえん　例）友人と——になる。
- なわ　例）——で木を縛る。
- はけん　例）労働者を——する。
- いしょく　例）業務を——する。
- くっぷく　例）腕力に——する。
- かんしん　例）相手の——を買う（機嫌をとる）。
- しょうちょう　例）国力が——する。
- ぐんせい　例）ススキの——する草原。
- すいこう　例）——を重ねる。
- はいぜつ　例）核兵器を——する。
- きゅうめい　例）真相を——する。
- かそ　例）田舎で——が進む。
- がん　例）——として聞き入れない。
- こうし　例）法案の——。
- ろんきょ　例）——を示す。
- いやしい　例）——態度。
- きしみ　例）机の——がひどい。
- はんどく　例）——のつかない文字。
- けんさく　例）インターネットで——する。
- こうはん　例）——にわたる活動実績。

読み

傾向
物事の性質や状態が一定の方向性を持つこと。

沈澱
× 沈殿

贈与
人に金品を贈ること。

海月
*「水母」とも書く。

諸般
あれこれ。いろいろ。

疎遠
音信や交際が久しく途絶えているさま。
*対義語は「親密」。

縄

派遣
× 派遺

委嘱
× 委属、× 移植

屈服
相手の権力、力に負けて服従すること。

歓心
喜びの気持ち。
× 関心

消長
勢いが盛んになったり衰えたりすること。盛衰。

群生
同一種類の植物が一ヵ所に群がって生えること。

推敲
詩文の字句や文章を十分に吟味して練り直すこと。

廃絶
すたれてなくなること。
× 排絶

究明
× 救明

過疎
極度にまばらなこと。
*対義語は「過密」。

頑
頑固なこと。

骨子
物事の骨組みとなる主要な事柄。要点。

論拠
議論の根拠となるもの。

卑しい
身分が低い。品が悪い。下品。

軋み
ものが歪み、音を立てること。

判読
文字や文章を推察しながら読むこと。

検索

広範・広汎
幅広い範囲や分野。

書き

けいか
例）時が――する。

こうぎ
例）有名教授の――。

ようち
例）――な考え。

たいよ
例）会社が制服を――する。

ほしょう
例）事故の――金を支払う。

けつえん
例）彼は私の――である。

くうそ
例）――な議論を繰り返す。

そえる
例）弁当に彩りを――。

えもの
例）――を狙う虎。

いせい
例）――のよい声。

かっぱ
例）通説を――する。

いちがい
例）――には言えない。

そせき
例）――を築く。

つうふん
例）政治の腐敗を――する。

うず
例）紛争の――に巻き込まれる。

きょうしゅく
例）申し出に――する。

ちょうぼう
例）窓からの――。

きょうみ
例）――を持つ。

そんだい
例）――な態度。

こうりつ
例）作業の――を上げる。

さんかく
例）男女共同――社会。

ばんそう
例）ピアノで――する。

ほうし
例）社会に――する。

げきりん
例）――に触れる。

おかん
例）――がする。

読み

経過
時間が過ぎることや、その変化。

講義
×講議

幼稚
考えややり方が子どもっぽいこと。

貸与

補償
与えた損失を、事後的につぐなうこと。

血縁
×血緑

空疎
見せかけだけで実質的な内容が伴わないこと。

添える
主となるものに付け加える。

獲物
×得物

威勢
言葉や動作に活気のあること。

喝破
誤った説を退けて真実を明かすこと。

一概
自分の考えを押し通すこと。強情なさま。×一慨

礎石
物事の土台。

痛憤
大いに憤慨すること。

渦
めまぐるしく動いて入り乱れている状態。

恐縮
相手の厚意に対し申し訳なく思うこと。恐れ入ること。

眺望
遠くまで見わたした眺め。見晴らし。

興味

尊大
いばって偉そうな態度をとるさま。高慢。横柄。

効率

参画
政策や事業などの計画に加わること。

伴奏
曲の主旋律・主声部を支え、引き立てるために、他の楽器で補助的に演奏すること。

奉仕
×奏仕

逆鱗
目上の人の怒り。＊「逆鱗に触れる」で「目上の人を激しく怒らせる」の意。

悪寒
ぞくぞくとする寒け。

書《き》

- **かくべつ** 例）今朝の寒さは――だ。
- **せきひん** 例）――で何も買えない。
- **だっきゃく** 例）危機を――する。
- **くうばく** 例）――とした思い。
- **かくぜつ** 例）世間から――した山奥。
- **せっとう** 例）――罪で逮捕される。
- **のうじ** 例）天下の――。
- **じょう** 例）――のある食べ物。
- **まんちょう** 例）――時の海。
- **とうわく** 例）突然のことに――する。
- **りょうりん** 例）車の――。
- **きちょう** 例）黒色を――とする服。
- **ひとく** 例）――したい過去。
- **えり** 例）――を正す。
- **しゅうばん** 例）試合は――に入った。
- **いっし** 例）敵に――を報いる。
- **しゅうじゅく** 例）運転技術に――する。
- **ちょうやく** 例）助走して――する。
- **きせい** 例）交通を――する。
- **そうしゅつ** 例）雇用を――する。
- **こうそう** 例）内部――が起こる。
- **いきどおる** 例）不義理に――。
- **にんぷ** 例）――に席を譲る。
- **かいきょう** 例）――の念に駆られる。
- **つぐ** 例）骨を――。

読み

格別
普通とは違うもの。

赤貧
*「赤貧洗うがごとし」で「極めて貧しく、洗い流したように何もない」の意。

脱却
よくない状態や考えから抜け出すこと。

空漠
とらえどころがないさま。

隔絶
かけ離れていること。

窃盗
×切盗

能事
なすべき事柄。

滋養
×慈養

満潮
潮が満ちて海水面が最も高くなる現象。
*対義語は「干潮」。

当惑
どうしたらいいか途方にくれること。

両輪
左右二つの車輪のこと。

基調
絵画・装飾などで中心となっている色。

秘匿
隠し、秘密にすること。

襟

終盤
勝負が終わりに近づいた段階。

一矢
×一糸 *「一矢を報いる」で「敵に反撃を加えてわずかでも仕返しをする」の意。

習熟
十分に上達していること。

跳躍
×跳曜

規制
規則によって物事を制限すること。

創出
新たに作り出すこと。

抗争
互いに張り合って争うこと。

憤る
×墳る、×噴る

妊婦

懐郷
故郷を懐かしく思うこと。

接ぐ
つなぎ合わせる。

書き

いましめる
例）ぜいたくを――。

いりょく
例）落ちた隕石の――。

てんか
例）防腐剤を――する。

いっそう
例）ゴミを――する。

じょじゅつ
例）年次を追って――する。

かんばん
例）店の――を出す。

あんみん
例）ゆったりと――する。

あなどる
例）――なかれ。

そまつ
例）――な食事。

いしゅ
例）――を晴らす。

ていさつ
例）敵情を――する。

きょうせい
例）歯列を――する。

じゅんぼく
例）――な青年。

およぶ
例）長時間に――激闘。

かいせき
例）データを――する。

くったく
例）――のない笑顔。

そくめん
例）人のさまざまな――。

すず
例）――を鳴らす。

ほ
例）ヨットの――を上げる。

でんしょう
例）民話を――する。

たいほ
例）罪を犯し――される。

はつげん
例）個性が――した絵。

えいよ

びょうとう
例）隔離――へ移る。

かいこん
例）自分の行いを――する。

読み

- **戒める**
- **威力** 他を押さえつける強い力のこと。
- **添加** 別のものを付け加えること。
- **一掃** 一気に払い去ること。
- **叙述** 物事を順を追って述べること。

- **看板** ✕看版
- **安眠**
- **侮る** ✕悔る
- **粗末** 作りが雑なこと。みすぼらしいこと。
- **意趣** 思うところ。恨む気持ち。✕遺趣。

- **偵察** ひそかに敵や相手の様子を探ること。
- **矯正** 欠点や悪習などを正常な状態に戻すこと。
- **純朴** 飾り気がなく素直なこと。
- **及ぶ** 物事が続いたり広がったりしてある所、範囲に届く。
- **解析** 理論的な調査からその本質を明らかにすること。

- **屈託** 一つのことばかり気にしてくよくよすること。
- **側面** 物の横の面。中心から外れた脇の方面。さまざまな性質のうちの一面。
- **鈴**
- **帆**
- **伝承** 古くからの言い伝えや風習を受け継いで、伝えていくこと。

- **逮捕**
- **発現** 現れ出ること。
- **栄誉** 輝かしい栄光。
- **病棟**
- **悔恨** 過ちを後悔して、残念に思うこと。

書き

かんじん
例）――な部分。

ふんそう
例）――の絶えない地域。

ひんぱつ
例）事故が――する。

かいめつ
例）犯罪組織を――させる。

ふせつ
例）線路を――する。

ぶじょく
例）――的な発言。

しんりょう
例）町外れの――所。

くんりん
例）新たな王が――する。

かんぷ
例）――なきまでに敗れる。

けんぼう
例）若いのに――症だ。

へんげん
例）――自在。

きょうきゅう
例）――と需要。

げきど
例）無礼な態度に――する。

もはん
例）後輩の――となる。

むしょう
例）――で利用可能である。

きてい
例）競技の――に則る。

かっきょ
例）群雄――。

えんぎ
例）――をかつぐ。

かわき
例）喉の――を覚える。

ひぎ
例）――に参加する。

かんべん
例）先生に――してもらう。

ぼうせき
例）――工業。

よだん
例）形勢は――を許さない。

ひにん
例）容疑を――する。

にんたい
例）――を必要とする。

読み

肝心・肝腎

紛争
× 粉争

頻発
短期間に同じことがたびたび起こること。

壊滅
壊れてなくなってしまうこと。

敷設
鉄道・水道・電線などの設備を広い範囲に設置すること。

侮辱
× 負辱、× 悔辱

診療

君臨
君主として国家を統治すること。

完膚
傷のない皮膚。＊「完膚なきまで」で「無傷のところがないほど徹底的に」の意味。

健忘
よく物事を忘れること。忘れっぽいこと。

変幻
すばやく現れたり消えたりすること。

供給
物を提供すること。

激怒

模範
見習うべきもの。手本。

無償
無料。
＊対義語は「有償」。

規定
物事のありさまややり方を決まった形に定めること。また、その定めた内容。

割拠
ある地域を占拠して、そこを根城に勢力を張ること。
× 割処

縁起
× 緑起

乾き

秘儀
公にしない儀式のこと。

勘弁
過ちなどを許すこと。

紡績
糸をつむぐこと。

予断
前もっての判断。予測。

否認
事実と認めないこと。
× 非認
＊対義語は「是認」

忍耐
つらいことに耐えること。

書《き》

きょうじゅん
例）皇帝に――を誓う。

さんか
例）――に入る。

りしょく
例）株で――する。

すでに
例）――起きた出来事。

こごえる
例）――寒さ。

しゅうかん
例）早起きを――づける。

こうずい
例）――のような涙。

たたむ
例）毛布を――。

えいい
例）――制作中である。

かこく
例）――な条件。

こんかん
例）――をなす事業。

わく
例）お湯が――。

ふくざつ

ゆうはつ
例）事故を――する。

じれい
例）――が出て課長に昇進した。

しょしん
例）――に帰る。

だいきぼ
例）――な工事。

しょうへき
例）外交の――を取り除く。

になう
例）責任の一端を――。

ぎきょく
例）――作家を目指す。

かんゆう
例）部員を――する。

さいげつ
例）――を経る。

こんがん
例）先生に――する。

ろてい
例）悪事が――する。

そうてい
例）最悪の事態を――する。

読み

恭順
慎んで服従すること。
✕ 共順

傘下
勢力のある人物や組織に属し、その支配、影響、庇護などを受ける立場にあること。

利殖
利子などによって財産を殖やすこと。

既に
ある動作が早くも終わっている意を表わす。もう。以前に。

凍える

習慣
✕ 修慣

洪水

畳む

鋭意
懸命に努力する様子。気持ちを集中して励むこと。
✕ 営為

過酷
厳しすぎるさま。
*「むごい」というニュアンスでは「苛酷」を使う。

根幹
大本、中心をなすもの。

沸く

複雑
*対義語は「単純」。

誘発
ある事が原因となって他の事態を引き起こすこと。

辞令

初心
何かをしようと決めたときの、純粋な心。初志。 ✕ 所信

大規模
物事の仕組みや構造が大がかりなこと。

障壁
邪魔になるもの。

担う
身に引き受ける。負担する。背負う。

戯曲
演劇の脚本、台本。

勧誘
✕ 歓誘

歳月

懇願
誠意を込めてお願いすること。

露呈
明らかになること。

想定
状況や条件などを仮に決めること。

書き

さぎ
例）――師にだまされる。

とくちょう
例）――のある顔だち。

とう
例）――を組む。

まんえつ
例）もてなしに――する。

ちゅうよう
例）――を得た意見。

あやまち
例）重大な――。

しゃてい
例）――圏内にある。

ごらく
例）――を楽しむ。

ぜひ
例）ダム建設の――を問う。

ちゆ
例）傷が――する。

ぜせい
例）誤りを――する。

しんこう
例）――宗教。

すんだん
例）台風で道路が――される。

しげき
例）――を受ける。

かんかく
例）適度な――をとる。

おめい
例）――を返上する。

えきしょう
例）――画面を見つめる。

たぼう
例）――な毎日を送る。

きが
例）――に苦しむ。

かつぐ
例）神輿を――。

せんさく
例）理由を――する。

ぜつみょう
例）――なタイミング。

じぜん
例）――事業。

よい
例）――の口から寝る。

いき
例）死体を――する。

読み

詐欺
× 詐偽

特徴
× 特徴＊優れた点には「特長」を使う。

徒党
目的のため組まれた一団。＊「徒党を組む」で「目的のために仲間が団結する」の意。

満悦
満足すること。

中庸
いずれかに偏らず中正であること。

過ち

射程
力の及ぶ範囲。

娯楽

是非
正しいことと正しくないこと。

治癒

是正
悪いところなどを直すこと。

新興
既存のものに対し、勢いをもって新しいものが興ること。

寸断
細かく切ること。ずたずたにすること。

刺激
× 刺撃

間隔
物と物との間の距離。

汚名
悪い評判。

液晶

多忙

飢餓
食料が足りず、飢えること。

担ぐ

詮索
細かい点まで突き詰めて調べ求めること。とやかく言うこと。

絶妙
この上なく巧みで優れているさま。

慈善
情けや哀れみをかけること。貧しい人や不幸な人をいたわり救済すること。

宵
日が暮れて間もないころ。

遺棄
捨てて置き去りにすること。
× 遺棄。

書き

ひとすじなわ
例）――では行かない。

しっぷう
例）――のごとく駆ける。

かんたい
例）選手団を――する。

かいらん
例）手紙を――する。

くじゅう
例）――の決断をする。

すむ
例）空気が――。

ふよ
例）権限を――する。

ていねい
例）――な言葉遣い。

びょうそう
例）手術で――を取り除く。

けん
例）大気――外に出る。

えんじゅく
例）――期に入る。

げんえい
例）故郷の――を見る。

とふ
例）患部に薬を――する。

さくりゃく
例）相手の――にはまる。

しょうさ
例）無罪の――。

ふうちょう
例）社会の――を反映する。

ふゆう
例）――層に訴えかける。

ひんど
例）出会う――が高い。

はんぼう
例）――期で人手が足りない。

けんあん
例）――事項を確認する。

こうら
例）――の中に逃げ込む。

はん
例）欧州諸国を――とする。

そうめい
例）――な人物。

がっち
例）目的に――する。

ふくしょく
例）――業界で働く。

読み

一筋縄
普通の方法。＊「一筋縄では行かない」で「普通のやり方では処理できない」の意。

澄む
水や空気に曇りや濁りがなくなり透きとおった状態になる。＊対義語は「濁る」。

円熟
知識・技術などが十分に発達し、豊かな内容を持っていること。

風潮
世の中の傾向。

甲羅

疾風
風速の強い風。

付与・附与
授け与えること。

幻影
まぼろし。

富裕
裕福。

範
基準となる形。手本。

歓待
手厚くもてなすこと。
× 勘待

丁寧

塗布
一面に塗りつけること。

頻度
× 瀕度

聡明
× 恥明

回覧

病巣

策略
はかりごと。

繁忙
× 販忙

合致
ぴったり合うこと。

苦渋
物事がうまく進まず、悩み苦しむこと。× 苦汁

圏
ある範囲の中。

証左
真実を明らかにするもの。証拠。× 証佐

懸案
かねてから問題となっていて、まだ解決のつかない事柄。

服飾

書き

よごす
けがす

しょうじゅん
例）——を合わせる。

しぼ
例）亡き母を——する。

ろうきゅう
例）——した建物。

たいきょく
例）——にある考え方。

あくへい
例）——を断つ。

こうぼう
例）一国の——。

へんこう
例）方針を——する。

しょくじゅ
例）森に——する。

かんしょう
例）貯蓄を——する。

さばく
例）——化が進む。

とっぴょうし
例）——もない計画。

あいそ
例）——を尽かす。

じょちょう
例）慢心を——させる。

がてん
例）話に——がいかない。

みすえる
例）将来を——。

がんこ
例）——な父親。

たんせい
例）——を込めて作る。

えいたん
例）自然の美しさに——する。

きゅうしふ
例）——を打つ。

ししょう
例）業務に——を来たす。

きうん
例）——に乗じる。

くいる
例）ミスを——。

にんい
例）——の自然数を選ぶ。

ちょうしょう
例）過ちを——される。

読み

汚す

照準
ねらいを定めること。

思慕
恋しく思うこと。

老朽
古びて役に立たなくなること。

対極
× 対局

悪弊
よくない風習のこと。
× 悪幣。

興亡
興り栄えることと滅びること。

変更
× 変向

植樹

勧奨
勧め励ますこと。

砂漠
× 砂模

突拍子
調子はずれであること。
＊「突拍子もない」で「とんでもない。普通でない」の意。

愛想
× 愛相

助長
ある傾向をさらに著しくすること。

合点
納得すること。

見据える
本質を見定める。

頑固
自分の考えを改めないかたくななさま。

丹精
× 鍛精

詠嘆
物事に大変感動すること。

休止符
＊「休止符を打つ」で「区切り、ひと段落をつける」の意。

支障
進行のさまたげとなるもの。

機運
巡ってきた好機。

悔いる

任意
× 認意

嘲笑
あざ笑うこと。

書《き》

はち
例）――の巣を刺激する。

しんちょう
例）意味――な発言。

れきぜん
例）違いは――だ。

ちょうえつ
例）世俗を――する。

じゅうたい
例）道路で――に巻き込まれる。

たくせん
例）神の――を受ける。

ちょっかつ
例）社長――の仕事。

せいみつ
例）――な機械。

せいこう
例）――なつくりの時計。

かいさい
例）行事を――する。

びんそく
例）――な対応。

やとう
例）労働者を――。

とどける
例）手紙を――。

こうかん
例）選手が試合後――する。

おうらい
例）――を車が行きかう。

いさい
例）――を放つ。

ちんみ
例）世界三大――。

じゅんかい
例）管理人が――する。

かくじゅう
例）機能を――する。

ごうけつ
例）天下の――。

ろんしょう
例）仮説を――する。

ふちん
例）国の――に関わる重大事。

さえぎる
例）行く手を――。

こうちく
例）理論を――する。

ほうび
例）――をとらせる。

蜂

深長
× 慎重、× 身長

歴然
明白なさま。

超越
普通考えられる基準、程度をはるかにこえていること。

渋滞
物事がつかえて流れないこと。

託宣
神のお告げ。神託。

直轄
中間を介さず、直接管理すること。

精密
細かい点まで巧みに作られていること。

精巧
細工や仕組みが細かくよくできていること。

開催
会合などを開くこと。

敏速
反応が速いこと。

雇う

届ける

交歓
打ち解け、楽しく過ごすこと。

往来
道や通り。道路。

異彩
普通とは違ったいろどり。

珍味
めったに食べられない、珍しくおいしい食べ物。

巡回

拡充
規模を拡大し充実させること。

豪傑
武勇に優れ、強く勇ましい人。

論証
ある判断が真であることを妥当な論拠を挙げて推論すること。

浮沈
浮き沈み。転じて盛衰。
× 不沈

遮る
物事の進行をさまたげる。

構築
つくりあげること。

褒美

書き

とくべつ
例）――な扱い。

そうおん
例）――に耐える。

いはつ
例）――を正す。

しょうにん
例）活動を――する。

しゅうしょく
例）会社に――する。

きょうほん
例）金稼ぎに――する。

ぜんえい
例）――的な芸術作品。

かいご
例）――福祉。

きばつ
例）――な衣装。

かんだん
例）――の差が激しい気候。

あんぐ
例）――な君主。

びれい
例）――な顔立ち。

けんとう
例）企画を――する。

そしょう
例）――を起こす。

えいり
例）――な刃物。

きてい
例）理論の――をなす。

もけい
例）電車の――。

こういん
例）――矢の如し。

しゅんびん
例）――な動き。

きはつゆ
例）――税はガソリンに課せられる。

ちょうふく
じゅうふく
例）――した表現。

どれい
例）――のように働く。

きゅうえん
例）――を待つ。

いろん
例）手を挙げ――を言う。

そうかつ
例）全体を――する。

読み

特別

騒音

衣鉢
僧侶が身にまとう格好。

承認
正当または事実であると認めること。

就職
× 修職

狂奔
ある目的のために熱心に奔走すること。

前衛
既成の概念を脱し、先駆的表現を試みること。
× 前鋭

介護
病人などに付き添って世話をすること。

奇抜
一風変わった、すこしおかしなさま。

寒暖
寒さと暖かさ。

暗愚
物事の是非の判断能力がなく、愚かなこと。

美麗
美しく、華麗なこと。

検討
詳しく調べ、考えること。

訴訟
× 訴証

鋭利
するどく、切れ味のよいさま。

基底
基礎となる事柄。基礎。根底。

模型
本物に似せて作ったもの。

光陰
月日。歳月。時間。
＊「光陰矢の如し」で「月日がたつのが早い」の意。

俊敏
頭の働きがよく、すばやく適切な行動をすること。

揮発油
原油を蒸留して得られるもの。ガソリンなど。

重複
同じ物事がいくつも重なり合うこと。

奴隷
人間としての権利、自由を認められず、自己の存在を他人に所有される身分。

救援

異論
他と異なる意見。異議。

総括
× 総活

書き取り

さい
例）両者の能力に――はない。

ようい
例）――に解ける問題。

こうよう
例）気分が――する。

りはん
例）人心が――する。

ほる
例）版画を――。

きたえる
例）筋力を――。

けんお
例）――感を抱く。

すいび
例）農業が――する。

つつさき
例）――を覗き込む。

とうさい
例）エンジンを――する。

かいこ
例）少年時代を――する。

ゆうよ
例）有罪だったが、執行――がついた。

あつかい
例）――が乱暴だ。

きじく
例）新――の意欲作。

にごす
例）お茶を――。

せいじゃく
例）水を打ったような――。

だっかい
例）王座を――する。

かいほう
例）魂を――する。

きみょう
例）――な言動。

ふくし
例）――政策に力を入れる。

しき
例）楽団を――する。

ほうこう
例）百合の――が漂う。

さいふ
例）各地の民謡を――する。

りびょう
例）そのウイルスによって、多くの人が――した。

しせい
例）彼は情が深く――の人だ。

読み

差異
× 差違

容易
たやすくできること。

高揚
× 高陽

離反
従っていたものがそむき、離れること。

彫る
刻みつける。彫刻する。

鍛える

嫌悪
ひどく嫌い憎むこと。

衰微
衰退すること。弱くなること。

筒先

搭載
機器・自動車などに、装備や機能を組み込むこと。

懐古
昔をしのび懐かしむこと。
× 回顧

猶予
実行の期日を延ばすこと。
× 猶与、× 猶余

扱い
処理や操作のこと。

機軸
物事、活動の中心。

濁す

静寂
× 静叔

奪回
奪われたものを取り返すこと。

解放
捕まえていたものを放して自由にすること。× 開放

奇妙
風変わりなさま。

福祉
× 副祉

指揮
合唱や合奏などを統率すること。

芳香
かぐわしいよいかおり。

採譜
楽譜に書かれていない曲を楽譜に書き取ること。

罹病
病気にかかること。

至誠
きわめて誠実なこと。まごころ。

コラム3

慣用句は、あまり理屈で考えすぎないこと！

慣用句にも、「なぜそのような漢字が使われているのか」という理屈や来歴がある。それをきっかけに覚えることもできるが、誤字にも「理由づけ」はできるため、あまり考えすぎないこと。慣用句は、理屈ではなく、決まりものとして覚えるのが得策かもしれない。

×終始符を打つ→○**終止符を打つ**（物事を終わらせることだから、「始め」は関係ない）
×精魂つきる→○**精根つきる**（「根気がつきる」から、「根」を使う）
×精根をこめる→○**精魂をこめる**（こちらは、「魂をこめる」から、「魂」を使う）
×常規を逸する→○**常軌を逸する**（規則を逸脱するのではなく、軌道からそれる意味）
×天心爛漫→○**天真爛漫**（純真なことだから、「真」を使う）
×初期の目的→○**所期の目的**（「最初の目的」ではなく、「期する所」の意味）
×若干二十歳→○**弱冠二十歳**（「弱冠」は、二十歳の異称。年が若いことを指す）
×一同に会する→○**一堂に会する**（一つの建物の中に集まるイメージだから、「堂」を使う。
×有名をはせる→○**勇名をはせる**（はせるのは、「勇者としての名声」）

2章 読み

ポイント

○例文を読んで、意味ごと覚えること
○「つくり」から読みを類推すること

培う
× 倍う、× 陪う

所以
いわれ。理由。
× 由縁

趨勢
物事がある方向へと動く勢い。

育む
*送り仮名に注意。

幾重
多くの物が重なっていること。

無垢
心身に汚れなく、清らかであること。純真なこと。うぶ。

中枢
中心となる重要な所。

刹那
極めて短い時間。瞬間。

範疇
同じような性質のものが含まれる範囲。

著しい
*送り仮名に注意。

恣意
気ままな考え。自分の思うままに振る舞う心。
*読みも重要。× 私意

安堵
× 安緒、× 安度

相殺
*読みは「そうさつ」ではない。

蘇る・甦る
*送り仮名に注意。

混沌
すべてが入り混じって区別やなりゆきがはっきりしないさま。

遺憾
思い通りにいかず心残りなこと。× 遺感

乖離
そむき離れること。
× 解離

葛藤
× 渇藤

歪曲
事柄を意図的にゆがめまげること。

遵守
規則や法律などを守ること。
*「順守」でもよしとされる。

収斂
縮むこと。縮めること。一つにまとめること。まとめること。集約。

誤謬
あやまりやまちがい。

被る

蒙る

戯れる

書き

- つちかう　例）体力を――。
- ゆえん　例）それが、彼がリーダーたる――だ。
- すうせい　例）社会の――。
- はぐくむ
- いくえ　*副詞として「幾重にも」。
- むく　例）純粋――な子ども。
- ちゅうすう　例）経済の――をなす。
- せつな　例）――の快楽を求める。
- はんちゅう　例）趣味の――を出ていない。
- いちじるしい　例）――成長を遂げる。
- しい　例）――的な文章解釈。
- あんど　例）成功に――する。
- そうさい　例）貸し借りを――する。
- よみがえる
- こんとん　例）――とした政治情勢。
- いかん　例）――の意を表す。
- かいり　例）理想と現実の――。
- かっとう　例）心の中で――があった。
- わいきょく　例）事実を――して伝える。
- じゅんしゅ　例）法律を――する。
- しゅうれん　例）血管の――が起こる。
- ごびゅう　例）――を犯す。
- こうむる　かぶる
- こうむる
- たわむれる　例）自然と――。

読み

版図
一国の領域。
× 版土

会得
意味を理解し、自分のものとすること。

権化
抽象的な特質が具体的な姿をとって現れたかのように思える人やもの。

荘厳
重々しくおごそかなこと。

等閑
注意を払わないこと。物事の扱いをいい加減にすること。

発端
物事の始まり。

醸す

萌芽
物事の始まること。きざし。

知己
自分をよく理解してくれている人。親友。知り合い。知人。

赴く
ある場所や方角に向かっていく。物事がある方向・状態に向かう。

矮小
丈が低く小さいこと。
× 歪小

詭弁
間違っていることを正しいと思わせるようにしむけた議論。道理にあわない弁論。

衷心
心の奥底。まごころ。
× 注進

敷衍
意味を押し広げて説明すること。わかりやすく詳しく説明すること。

羞恥
× 周知

曖昧
× 曖味

覆す
ひっくり返す。

薫陶
徳によって人を感化し、教育すること。

揶揄
からかうこと。なぶること。

厳粛
おごそかで心が引き締まるさま。

畏敬
おそれ敬うこと。
× 偉敬

語彙
ある言語の中で使われる単語の総体。

蹂躙
ふみにじること。

狼狽
あわてふためくこと。

諮問
有識者や一定の機関に意見を求めること。

書き

はんと
例）――を広げる。

えとく
例）極意を――する。

ごんげ
例）金欲の――。

そうごん
✕そうげん

なおざり
例）学業を――にする。
＊似た言葉の「おざなり」は、「その場しのぎ」の意。

ほったん
例）事件の――。

かもす
例）物議を――。

ほうが
例）社会運動の――。

ちき
例）――を頼りにする。

おもむく

わいしょう
例）――な肉体。

きべん
例）――を弄する。

ちゅうしん
例）――から哀悼の意を表する。

ふえん
例）師説を――する。

しゅうち
例）彼には――心が欠けている。

あいまい
例）立場を――にする。

くつがえす

くんとう
例）師の――を受ける。

やゆ
例）日本政治を――する。

げんしゅく
例）式は――に行われた。

いけい
例）――の念を抱く。

ごい
例）基本的な――を覚える。

じゅうりん
例）他人の権利を――する。

ろうばい
例）突然の出来事に――する。

しもん
例）専門委員会に――する。

読み

逐次
順を追って次々に行われるさま。順次。

云々

脆弱
もろくて弱々しいこと。

所作
振る舞い。身のこなし。

歪む

難渋
物事が円滑に進まないこと。

永劫
極めて長い年月。永久。永遠。

憎悪
× 増悪

捉える
× 促える

否応なし
有無を言わせない様子。

煩い
＊「悩み」ではなく「病気」のときは、「患い」を使う。

生粋
まじりけがまったくないこと。

相貌
顔かたち。様子。

吹聴
言いふらすこと。

渾然
× 混然

鋳型
鋳物などを鋳造するときに、溶かした金属を流し込む型。

矜持
自分の能力を優れたものとして抱く誇り。自負。プライド。

伝播
伝わって広まること。
× 伝波

敷設
鉄道・水道・電線などの設備を広い範囲に設置すること。

由来
物事がたどってきた筋道。

隠蔽
ある物を他の物で覆い隠すこと。見られては都合の悪い物事を隠すこと。

精進
一つのことに精神を集中して励むこと。雑念を去り、仏道修行に専心すること。

潤色
文にいろどりを加えること。事実を誇張したりしておもしろくすること。脚色。

末梢
× 抹消

贖う
罪を償う。あるものを代償にして手に入れる。

書き

ちくじ
例）――発表する。

うんぬん

ぜいじゃく
例）――な構造。

しょさ
例）優雅な――。

ゆがむ

なんじゅう
例）交渉は――を極めた。

えいごう
例）未来――続く。

ぞうお
例）――の念を振り払う。

とらえる
例）特徴を――。

いやおうなし

わずらい
例）恋――に苦しむ。

きっすい
例）――の江戸っ子。

そうぼう

ふいちょう
例）うわさを――してまわる。

こんぜん
例）――一体となる。

いがた

きょうじ
例）――を傷つけられる。

でんぱ
例）うわさが――する。
＊読みは「でんぱん」ではない。

ふせつ
例）線路を――する。

ゆらい
例）国名の――。

いんぺい
例）不祥事を――する。

しょうじん
例）研究に――する。

じゅんしょく
例）事実を――する。

まっしょう
例）手足の――。

あがなう
例）死をもって罪を――。

読み

- **一端** ×一旦
- **奇矯** 言動が変わっているさま。
- **絢爛** 華やかで美しいさま。
- **贅沢** 必要以上の金銭や物を使うこと。
- **躊躇** ぐずぐずすること。ためらうこと。
- **瓦解** 一部の乱れから組織全体が崩れること。
- **挙措** 立ち居振る舞い。＊「挙措を失う」で「取り乱した振る舞いをする」の意。
- **好悪** 好き嫌い。
- **静謐** 静かで落ち着いているさま。
- **鳥瞰** 高所から広い範囲を見下ろすこと。＊類似語は「俯瞰」
- **角逐** 互いに競争すること。競り合い。
- **際立つ** 他との違いや区別が明瞭である。目立つ。＊主によいことの場合にいう。
- **極意** 学問や技芸で核心となる大切な事柄。奥義。
- **漸次** だんだん。次第に。
- **呟く**
- **仮借** 借りること。見逃すこと。＊類義語は「容赦」。×呵責
- **敬虔** 敬い慎むさま。
- **嗜好** ある物を特に好み、それに親しむこと。特に飲食物についての好み。
- **相克** 対立・矛盾する二つのものが互いに勝とうとして争うこと。
- **捏造** でっちあげ。実際にはありもしない事柄を事実であるかのように作り上げること。
- **陥穽** わな。落とし穴。人を陥れること。そのための策略。
- **軽侮** 軽視してあなどること。
- **失踪** 行方がわからなくなること。姿をくらますこと。
- **措定** 推論の前提としてとりあえず肯定された、いまだ証明されていない命題。
- **背馳** 理にそむくこと。食い違うこと。合わないこと。

書き

- いったん　例）ロープの――を縛る。
- ききょう　例）――な振る舞い。
- けんらん　例）豪華――な宮殿。
- ぜいたく
- ちゅうちょ　例）決断を――する。

- がかい　例）政権が――する。
- きょそ　例）――を失う。
- こうお　例）――の念を抱く。
- せいひつ
- ちょうかん　例）街を――する。

- かくちく　例）業界での――。
- きわだつ
- ごくい　例）――を極める。
- ぜんじ　例）――改善していく。
- つぶやく

- かしゃく　例）――なく罰する。
- けいけん　例）――な信者。
- しこう　例）欧米人の――に合う料理。
- そうこく　例）本能と理性が――する。
- ねつぞう　例）記事を――する。

- かんせい　例）――にはまる。
- けいぶ　例）相手を――する。
- しっそう　例）――届けを出す。＊類義語は「逐電」「蒸発」。
- そてい　例）ある命題を――する。
- はいち　例）人倫に――する。

豊饒
土地が肥えていて、穀物・作物がよく実ること。

凄い
×凄い

頒布
品物や資料などを広く配ること。

邂逅
思いがけなく出会うこと。

琴線
感動しやすい心のたとえ。
＊「琴線に触れる」で「良いものに感銘を受ける」の意。

抱擁
×包擁

興奮
＊「昂奮」「亢奮」とも書く。

余韻
事が終わったあとに残る味わい。

岳父
妻の父（の敬称）。

功徳
果報を得られるような善行。普通、供養・布施の類を言う。

弄ぶ

繁茂
×敏茂

軋轢
仲が悪くなること。不和。

驚愕
非常に驚くこと。

傲慢
おごりたかぶって他人を見下すこと。

漸く
やっとのことで。

啓蒙
人々に正しい知識を与え、教え導くこと。

羨む

教唆
行動を起こすよう、そそのかすこと。けしかけること。

虚空
何もない空間。根拠のないこと。架空のことであるさま。

似非
にせもの。

暫く
少しの間。

諧謔
気の利いた冗談。ユーモア。

強靭
しなやかで強いさま。

悉く
残らずすべて。

ほうじょう
例）――の大地。

すごい

はんぷ
例）資料を――する。

かいこう
例）恩師と――する。

きんせん
例）心の――に触れる。

ほうよう
例）再会の――を交わす。＊「ほうようりょく」は、「包容力」。

こうふん
例）試合を観て――する。

よいん
例）勝利の――にひたる。

がくふ

くどく
例）――を積む。＊「こうとく」と読めば別語。

もてあそぶ
＊「もて遊ぶ」ではない。

はんも
例）水草が――する。

あつれき
例）隣国と――が生じる。

きょうがく
例）事実に――する。

ごうまん
例）――な男である。

ようやく
✕ しばらく（暫く）

けいもう
例）――書を読む。

うらやむ

きょうさ

こくう
例）――を見つめる。

えせ

しばらく

かいぎゃく
例）――的な台詞。

きょうじん
例）――な肉体を持つ。

ことごとく

読み

些細
取るに足らないさま。

洒脱
洗練され、さっぱりしているさま。× 酒脱

戯作

建立
× 健立

齟齬
食い違うこと。物事がうまくかみ合わないこと。

思惟
考えること。思考。

終焉
死を迎えること。

解脱
悟ること。
× 解説

蔑む
見下す。軽蔑する。

損なう
＊送り仮名に注意。

忸怩
深く恥じ入るさま。

佇む

喧騒
騒がしいこと。

執拗
しつこいこと。

対峙
× 対持

市井
まち。ちまた。俗世間。

禁物
してはならないこと。好ましくないもの。

更迭
ある地位・役職の人を他の人に代えること。

羨望
うらやましく思うこと。
× 善望

重宝
× 超宝

疾駆
速く走ること。車や馬を速く走らせること。

形而上
精神や本体など、形がなく通常の事物や現象のような感覚的経験を超えたもの。

痕跡
過去に何かがあったことを示すあと。あとかた。
× 根跡

造詣
広く優れた学識や技量。

淘汰
× 陶汰、× 淘太

書き

ささい
例）――なことで争う。

しゃだつ
例）――な人柄だ。

げさく
例）江戸時代後期の――。

こんりゅう
例）寺院を――する。

そご
例）内容に――をきたす。

しい
例）哲学的な問題について――する。

しゅうえん
例）人生の――を迎える。

げだつ
例）――の境地に至る。

さげすむ

そこなう
例）健康を――。

じくじ
例）――たる思い。

たたずむ
例）湖畔に――。

けんそう
例）都会の――から逃れる。

しつよう
例）――に追い回す。

たいじ
例）敵と――する。

しせい
例）――の人。

きんもつ
例）油断は――だ。

こうてつ
例）財務大臣を――する。

せんぼう
例）――のまなざし。

ちょうほう
例）――される人材。

しっく
例）――する馬。

けいじじょう
例）――学的な考え。

こんせき
例）昔の都市の――が残る。

ぞうけい
例）英文学に――が深い。

とうた
例）生物が――される。

読み

罵詈
ののしること。

全う

婉曲
遠回しに言うさま。× 腕曲、× 遠曲

募る

潔い

氾濫
× 犯濫、× 氾乱

癒着
好ましくない状態で結びついていること。

愛惜
気に入って大切にすること。
*「哀惜」は人の死を悲しみ惜しむこと。

崇める
極めて尊いものとして敬う。

境内
神社・寺院の敷地の中。

必定
必ずそうなるに決まっていること。

夭折
若くして死ぬこと。夭逝。

為替
金銭の決済を現金輸送なしに行う方法。

滞る
物事が順調に進まない。停滞する。

躍如
いきいきとしていて目の前に見えるさま。

標榜
主張や主義をはっきりと示すこと。× 標傍

流転
移り変わってやむことがないこと。

形骸
外形だけを残し、実質的な意味を失っているもの。

行脚
ある目的で諸地方を巡り歩くこと。

不得手
得意でないこと。

放逐
追い払うこと。追放。

流布
世間に広まること。広く行われること。

倣う
手本として真似をする。× 習う

拭う
ふいてきれいにする。ふき取る。

安逸
何もせず気楽に暮らすこと。

書き

ばり
例）――雑言。

まっとう
例）――な人生。

えんきょく
例）――な表現。

つのる
例）参加者を――。

いさぎよい
例）彼の態度は――。

はんらん
例）大雨で河川が――する。

ゆちゃく
例）官財の――をうむ。

あいせき
例）青春の日々を――する。

あがめる
例）師匠を――。

けいだい
例）神社の――に入る。

ひつじょう
例）彼らの勝利は――だ。

ようせつ
例）――した芸術家。

かわせ
例）外国――市場。

とどこおる
例）支払いが――。

やくじょ
例）面目――を果たす。

ひょうぼう
例）民主主義を――する。

るてん
例）万物は――する。

けいがい
例）――化する。

あんぎゃ
例）全国を――する。

ふえて
例）――な科目がある。

ほうちく
例）組織から――する。

るふ
例）風説が――する。

ならう
例）前例に――。

ぬぐう
例）汗を――。

あんいつ
例）――な毎日を送る。

読み

徐に
落ち着いてゆっくりと事を始めるさま。

帰依
神仏を信じてその力にすがること。

疲弊
疲れて弱ること。× 疲幣、× 悲弊

辟易
うんざりして嫌気がさすこと。

喩える
× 例える

生憎
期待や目的にそぐわず都合の悪い、残念なさま。

代物
評価の対象として見たときの物や人。

予め
事前に。前もって。

罵る
非難すること。

紐帯
物と物、人と人とを結びつける役割を果たす大事なもの。

感嘆
物事に感心してほめたたえること。

適う
条件・基準などによく当てはまる。ぴったり合う。

慌てる

伐採

内奥
内部の奥深いところ。

翻す
態度や意見を急に変える。急に向きを変えて他面(反対)を現わす。

現
読みも重要。「現を抜かす」で「ある物事に過度に熱中し、心を奪われる」の意。

微か
かろうじて認められる程度であるさま。勢いがなく弱々しいさま。

反古
役に立たないもの。無効。取り消し。破棄。

馴染み

罹る
病気や災難などを身に受けること。

斬新
× 斬進

漁る
自分の欲しいものを求めてあちこち探し回る。

凡そ
だいたい。

呑気
性格や気分がのんびりとしていること。

書き

おもむろに
例）――立ちあがる。

きえ
例）仏教に――する。

ひへい
例）心身が――する。

へきえき
例）相手の態度に――する。

たとえる
＊「たとえ〜ても」の「たとえ」は、「仮令」。

あいにく
例）――の雨に見舞われる。

しろもの
例）めったにない――を扱う。

あらかじめ
例）――準備する。

ののしる
例）相手を――。

ちゅうたい

かんたん
例）――の声をあげる。

かなう
例）理屈に――。

あわてる

ばっさい
例）森林を――する。

ないおう
例）――に込められた想い。

ひるがえす
例）反旗を――。

うつつ
例）――を抜かす。

かすか
例）――な期待を抱く。

ほご
例）約束を――にする。

なじみ
例）顔――の店。

かかる
例）病気に――。

ざんしん
例）――な発想。

あさる
例）美術品を買い――。

およそ

のんき
例）――に本を読む。

読み

- **剥奪** 力ずくで取り上げること。はぎ取ること。
- **風靡** 多くの者をなびき従わせること。
- **発句** 和歌の初句。
- **澱む**
- **晒す**
- **溌剌** 生き生きとしたさま。
- **払拭** すっかり取り除くこと。
- **発心** 物事を始めようと思い立つこと。発起。
- **埒外** 一定の範囲の外。
- **衆生** すべての生き物。
- **反芻** 何度も繰り返し考えたり味わったりすること。
- **平生** 普段。いつも。
- **翻弄** 思うままにもてあそぶこと。
- **流暢** 話し方がなめらかでよどみがないさま。
- **饒舌** 口数が多いこと。おしゃべり。
- **彼我** 相手と自分。
- **閉塞** 閉じてふさぐこと。先行きが見えないこと。
- **未曾有** いまだかつてないこと。
- **憐憫** あわれむこと。
- **常套** ＊「常套手段」で「決まりきったいつものやり方」の意。
- **畢竟** つまるところ。結局。
- **放埓** 勝手気ままに振る舞うこと。
- **躍起** 焦ってむきになること。
- **異形** 普通と違ったあやしい姿・形をしていること。
- **真摯** まじめでひたむきなこと。

書き

- **はくだつ** 例）入館証を――する。
- **ふうび** 例）一世を――する。
- **ほっく** 例）――から詠み始める。
- **よどむ** 例）空気が――。
- **さらす** 例）恥を――。
- **はつらつ** 例）彼は――とした性格だ。
- **ふっしょく** 例）悪いイメージを――する。
- **ほっしん** 例）――し、仕事に励む。
- **らちがい** 例）関心の――にある。
- **しゅじょう**
- **はんすう** 例）師の言葉を――する。
- **へいぜい** 例）――の心がけを大切にする。
- **ほんろう** 例）運命に――される。
- **りゅうちょう** 例）日本語を――に話す。
- **じょうぜつ** 例）上機嫌で――になる。
- **ひが** 例）――の差を思い知る。
- **へいそく** 例）――した状況。
- **みぞう** 例）――の大災害。
- **れんびん** 例）――の情を抱く。
- **じょうとう** 例）彼の――手段。
- **ひっきょう** 例）人は――死から逃れられない。
- **ほうらつ** 例）――な行動をとる。
- **やっき** 例）――になって弁解する。
- **いぎょう** 例）――のものを恐れる。
- **しんし** 例）――に受け止める。

読み

頗る
非常に。

杞憂
取り越し苦労。あれこれと無用な心配をすること。

纏う
身に付ける。着る。

色褪せる
＊「あおざめる」は、「青褪める」と書く。

愛猫
かわいがっている猫。猫をかわいがること。

清浄
× 聖浄

遡る

漲る
力や感情などがあふれるほどいっぱいになる。

窺う

韻律
韻文上における音声上の形式。

精緻
極めて細かく綿密なこと。緻密。

曝す

脆い

迂闊
注意不足であるさま。ぼんやりしていて注意が行き届かないこと。

供養
死者の霊に供え物などをして、その冥福を祈ること。

截然
区別がはっきりしているさま。

唆す
良くない行動をするようにおだてて誘い入れる。その気になるように勧める。

剰え
そのうえに。好ましくない状態が重なるさま。おまけに。そればかりか。

穿つ
穴をあける。貫く。

謄本
原本の内容をそのまま全部写し取った文書。

夥しい
物の量や数が非常に多いこと。

綴り

雖も
＊格助詞「と」とセットで、逆説の確定条件や仮定条件を表す。「たとえ～でも」の意。

虚ろ

但し
上に述べたことについて条件や例外を付け足す時に使う、接続詞。しかし。だが。

書き

すこぶる
例）――元気がいい。

きゅう
例）心配事が――に終わる。

まとう
例）豪華な衣服を――。

いろあせる

あいびょう
例）――にえさを与える。

せいじょう
例）――な空気。

さかのぼる
例）舟で川を――。

みなぎる
例）意欲が――。

うかがう
例）様子を――。

いんりつ
例）――が調っている。

せいち

さらす
例）衆目に――。

もろい
例）――地層。

うかつ
例）――な行動は取れない。

くよう
例）死者を――する。

せつぜん

そそのかす

あまつさえ

うがつ
例）雨垂れが石を――。

とうほん
例）登記簿の――を作る。

おびただしい
例）――人出。

つづり
例）――を確認する。

いえども

うつろ
例）――な目つき。

ただし
例）――書きを読む。

読み

籠絡
うまくまるめこんで自分の思い通りに操ること。

慶弔
お祝い事と不幸。

誘拐

隠密
人に悟られないよう隠して事を行うこと。

騙る

抗う
抵抗する。逆らう。

割く
時間・金・人・スペースなどの一部分を分けて他の用途に振り向ける。

熟れる

凄惨
正視できないほどむごいこと。

快諾
依頼や申し入れを快く承諾すること。

案山子

惨め
見るに忍びないようなさま。痛々しいさま。

憂国
国の将来や現状を憂いなげくこと。

度量衡
長さと重さと容積。

残滓
残りかす。

弁証法
論理学、哲学的な思考法の一つ。対話・弁論の技術の意。

漸増
徐々に増えること。徐々に増やすこと。

変革
物事を変えて新しくすること。変わること。改革。

閑却
いい加減にしておくこと。

鈍磨
すり減って刃などがにぶくなること。

雪崩

逝去
死の敬った言い方。

祝詞
神に祈る言葉。

逍遥
あてもなく散歩する。そぞろ歩き。

麗しい
（外面的に）魅力的で美しい。気品がある。（精神的に）心あたたまるような感じだ。

書き

- **ろうらく** 例）彼氏を――する。
- **けいちょう** 例）――用の礼服。
- **ゆうかい** 例）――事件を解決する。
- **おんみつ** 例）――に事を運ぶ。
- **かたる** 例）社長を――悪人。
- **あらがう** 例）運命に――。
- **さく** 例）特集にページを――。
- **うれる** 例）果実が――。
- **せいさん** 例）――な光景。
- **かいだく** 例）要求を――する。
- **かかし** 例）田んぼの――。
- **みじめ** 例）――な敗北。
- **ゆうこく** 例）――の情に駆られる。
- **どりょうこう** 例）――を統一する。
- **ざんし** 例）旧体制の――。
- **べんしょうほう** 例）――的に証明する。
- **ぜんぞう** 例）需要が――する。
- **へんかく** 例）組織を――する。
- **かんきゃく** 例）問題をいったん――しておく。
- **どんま** 例）刀が――する。
- **なだれ** 例）――による通行止め。
- **せいきょ** 例）先生が――される。
- **のりと** 例）神の前で――を読む。
- **しょうよう** 例）散歩道を――する。
- **うるわしい** 例）――美女。

読み

不遜
思い上がっていること。

経文

僂い

費やす
金銭・時間・労力を使う。浪費する。

業
前世の善悪の行為によって現世で受ける報い。

虐げる
むごい扱いをして苦しめる。虐待する。いじめる。

捌く
入り乱れたものを解きほぐす。道具を使いこなす。物事を手際よく処理する。

建坪
建築面積を坪単位で表したもの。

無粋・不粋
人情の機微を解さないこと。情緒がないこと。野暮。

開襟
襟を開くこと。心を開くこと。

巡る
回って再び元に戻る。取り巻く。あちこち歩き回る。

疼く
傷口などが脈打つように痛むこと。ずきずきと痛む。

淵源
物事の成り立ってきた源。根源。

漱ぐ

身上
身の上。人のとりえや価値。身体の表面の上。

麻痺
しびれて感覚がなくなること。しびれ。働きがにぶったり停止したりすること。

至極
これ以上の程度・状態はあり得ないさま。この上なく。

雑駁
雑然としていてまとまりのないさま。

神楽
神事の際の歌舞。神をまつるために奏する歌舞。

険悪
情勢・雰囲気などが危険をはらんできていること。

癖

労る
苦労などをねぎらう。

凌ぐ
苦難や困難に屈せず耐え忍ぶ。防ぎ止める。苦難を乗り越える。

玄人
一つの物事に熟達した人。専門家。本職。

普請
家を建てたり修理したりすること。建築工事。土木工事。

書き

ふそん
例）――な態度。

きょうもん
例）僧侶が――を読む。

はかない
例）――夢を見る。

ついやす
例）多くの時間を――。

ごう
例）――の深い罪人。

しいたげる
例）動物を――。

さばく
例）行列を――係員。

たてつぼ
例）家の――を確かめる。

ぶすい
例）――なことを言う。

かいきん
例）心中を――する。

めぐる
例）秘湯を――旅。

うずく
例）古傷が――。

えんげん
例）文化の――にさかのぼる。

すすぐ
例）口を――。

しんじょう
例）強気が彼の――だ。

まひ
例）寒さで手足が――する。

しごく
例）――愉悦の極み。

ざっぱく
例）――な知識。

かぐら
例）――を奉納する。

けんあく
例）――なムードの食事会。

くせ
例）――を直す努力をする。

いたわる
例）部下を――。

しのぐ
例）猛攻を――。

くろうと
例）――も顔負けするほどの腕。

ふしん
例）母屋を――する。

読み

拮抗
勢力などがほぼ同じの者同士が互いに張り合って優劣のない状態のこと。

踵
足の裏の後ろの部分。かかと。＊「踵を返す」で「引き返す。あと戻りする」の意。

秀でる
他よりも特に優れている。抜きんでる。

則る
手本として従う。規準、規範とする。

殊に
とりわけ。なお。その上。
＊物事の程度が他と比べて一段と高いという意で使う。

邁進
恐れることなく突き進むこと。

偽る

浅薄
考えや知識が浅く行き届いていないこと。あさはか。

帰趨
物事が最終的に落ち着くこと。

謂
言うこと。＊「〜の謂」の形で「いわれ。わけ。意味」の意。

華奢

幽囚
捕らえられて牢などに閉じ込められること。囚人。

咎める
悪いことをしたと心が痛む。悪いこととして注意したり、責めたりする。

朧げ
はっきりしないさま。ぼうっとしているさま。
＊送り仮名に注意。

健やか

殊勲
極めて優れた功績。

嗅覚

利く
機能が十分に発揮される。可能である。有効に働かせることができる。

舶来
外国から船に積んで運んでくること。外国から渡来すること。

会釈

定か

垣根

賜杯
天皇・皇族などが競技の勝者に与える優勝杯のこと。

礼賛
褒め称えること。奨励。

押印

書《き》

きっこう	例）――した実力。
きびす	例）――を返す。
ひいでる	例）一芸に――。
のっとる	例）前例に――。
ことに	例）――美しい絵画。
まいしん	例）夢に向かい――する。
いつわる	例）真実だと――。
せんぱく	例）――な知識。
きすう	例）勝敗の――を見届ける。
いい	例）一石二鳥とはまさにこの――だ。
きゃしゃ	例）――な体型。
ゆうしゅう	例）――の身となる。
とがめる	例）不注意を――。
おぼろげ	例）――な記憶。
すこやか	例）――に育つ。
しゅくん	例）――を立てる。
きゅうかく	例）犬の優れた――。
きく	例）小回りの――自転車。
はくらい	例）――のお菓子。
えしゃく	例）級友と――を交わす。
さだか	例）記憶が――ではない。
かきね	例）――を超えた事業。
しはい	例）――を受ける。
らいさん	例）故人を――する。
おういん	例）書類に――する。

読み

悲哀
悲しくあわれなこと。

干潟
潮が引いた時に現れる海岸の浅瀬。

好事家
物好きな人。風流を好む人。

摂政
君主に代わって政務を執り行うこと。また、その人。

悼む
人の死を悲しみ嘆くこと。

扶助
力添えをして助けること。
× 夫助

履修
規定の学科や課程を学習し、修得すること。

括弧

報酬
労働や物の使用の対価として給付される金銭・物品など。

一献
杯一杯ぶんの酒。また、酒をふるまうこと。

払底
物がすっかりなくなること。乏しくなること。

額

麻

長患い
長い間病気をすること。その病気。

清澄
澄んでいて清らかなこと。

殺生
生き物を殺すこと。

貶める
さげすむ。軽蔑する。下落させる。成り下がらせる。

小賢しい
利口ぶっていて生意気だ。悪賢くて抜け目がない。ずるくて小才が利く。

膨らむ

滋味
物事に感じられる深い味わい。栄養のある食べ物。うまい味。

餌食
えさ。獲物。

抄本
一部を抜き書きした書物。書類の一部を書き抜いたもの。

一夕
ひとばん。一夜。ある夜。ある晩。

宮司

酪農

書き

ひあい
例）人生の――を感じる。

ひがた
例）――で遊ぶ。

こうずか
例）――による調査。

せっしょう
例）幼帝の――となる。

いたむ
例）死を――。

ふじょ
例）相互――の精神。

りしゅう
例）教職課程を――する。

かっこ
例）――書きで備考を書く。

ほうしゅう
例）――を支払う。

いっこん
例）日本酒――で酔う。

ふってい
例）物資が――する。

ひたい
例）猫の――ほどの住まい。

あさ
例）――の生地の服。

ながわずらい
例）――にかかり入院する。

せいちょう
例）――な秋の空気。

せっしょう
例）無駄な――はしない。

おとしめる
例）評判を――。

こざかしい
例）――悪党。

ふくらむ
例）風船が――。

じみ
例）――に富む料理。

えじき
例）猛獣の――となる。

しょうほん
例）戸籍の――を取る。

いっせき
例）一朝――とはいかないものだ。

ぐうじ
例）――が祈祷する。

らくのう
例）――業でチーズを作る。

読み

掴む
手でしっかりと握る。物事の重点をとらえる。自分のものとする。手に入れる。

下馬評
直接関係のない人たちがするうわさ・評判など。

煽る
他人を刺激してある行動に駆り立てたりする。たきつける。

緑青
銅の表面にできる緑色のさび。

撹乱
事態をかき乱すこと。

官吏
国家公務員の通称。役人。官員。

珠玉
美しいもの、優れたもの、立派なもののたとえ。

軒端
軒の先端。

伯仲
力がつり合っていて優劣がつけ難いこと。

霞
空気中の小さな水滴・ちりなどのために遠くの物がはっきり見えなくなる現象。

疎い
物事・事情などに詳しく通じていない。

彷彿
ありありと想像すること。よく似ているものを見てそのものを思い浮かべること。

欲する

手向け
神仏、死者の前に物を供えること。別れを惜しんで人に贈るしるし。はなむけ。

肥沃
土地が肥えていて、作物がよくできること。

誉れ
誇りとするに足る事柄。評判の良いこと。名誉。

剥離
接合していたものがはがれること。はがすこと。

間近
時間や距離が極めて近いところまで来ていること。

専ら
他の事にかかわらず、そのことに集中するさま。それを主とするさま。ひたすら。

謳歌
幸せをみんなで、大いに楽しみ喜び合うこと。

恭しい
礼儀正しい。丁重である。

諮る
ある問題について他人の意見を聞く。

卵巣

茫洋
広々として限りのないさま。
× 亡羊

筒抜け
話し声などがそのままほかの人に聞こえること。

書き

つかむ
例）こつを――。

げばひょう
例）――どおりの結果。

あおる
例）憎しみを――。

ろくしょう
例）銅の――。

かくらん
例）捜査を――させる。

かんり
例）高級――に昇格する。

しゅぎょく
例）――のコレクション。

のきば
例）――につるした柿。

はくちゅう
例）――した実力。

かすみ
例）――がかった山。

うとい
例）世間の事情に――。

ほうふつ
例）昔を――とさせる。

ほっする
例）強い力を――。

たむけ
例）友人への――。

ひよく
例）――な土地。

ほまれ
例）優勝は選手にとって――だ。

はくり
例）網膜が――する。

まぢか
例）ゴールは――だ。
＊「まじか」ではない。

もっぱら
例）休日は――寝ている。

おうか
例）自由を――する。

うやうやしい
例）――態度。

はかる
例）会合の日時を皆に――。

らんそう
例）イカの――。

ぼうよう
例）――とした海。

つつぬけ
例）隣の部屋に――だ。

読み

障る
健康の障害となる。ある感覚器官に触れて、嫌なものとして受け取られる。

囚われ
敵にとらえられていること。その状態。

厨房

糊塗
とりあえず一時しのぎにごまかすこと。

蒐集

重篤
病気がとても重いこと。

妬む
他人の幸福や長所がうらやましくて憎らしいと思う。ねたましく思う。

奔走
物事がうまくいくようにあちこち駆けまわること。

調える

廃れる
盛んだったものが衰える。使われなくなる。通用しなくなる。

潜る

憑く
魔性のものが人に取りつく。

咀嚼
食べ物をかみ砕くこと。

仄か
光・色・香りなどがわずかに感じられること。かすか。

奉る
「やる」「おくる」の謙譲語。差し上げる。献上する。

豪奢
贅沢を極めていること。

頒価
頒布する物品の価格。

暴く
他人の秘密や悪事、欠点などを探り出して公表する。

頑是ない
あどけないさま。まだ幼くて物の道理がよくわからないさま。

栄え
名誉。ほまれ。

恣
思うまま。勝手気まま。

棺

面影
記憶によって心に思い浮かべる顔や姿。ある物を思い起こさせる顔つき、様子。

蹲る

旨
物事の意味・内容。物事の主旨。おもむき。

書き

さわる
例）気に――発言。

とらわれ
例）――の身となる。

ちゅうぼう
例）――で皿洗いをする。

こと
例）ミスを――する。

しゅうしゅう
例）切手を――する。

じゅうとく
例）――な病状。

ねたむ
例）成功を――人もいる。

ほんそう
例）援軍集めに――する。

ととのえる
例）縁談を――。

すたれる
例）流行はいつか――。

もぐる
例）海に――。

つく
例）霊が――。

そしゃく
例）――して消化をよくする。

ほのか
例）――な香り。

たてまつる
例）上奏文を――。

ごうしゃ
例）――な暮らし。

はんか
例）非売品の――。

あばく
例）悪事を――。

がんぜない
例）――子ども。

はえ
例）――ある優勝に輝く。

ほしいまま
例）金を――にする。

ひつぎ
例）亡骸を――に納める。

おもかげ
例）昔の――もない。

うずくまる
例）地面に――。

むね
例）遅刻する――を述べる。

読み

霧散
霧のようにあとかたもなく消えてなくなること。

省く

夾雑物
まじっている余計なもの。

冤罪
無実にもかかわらず罰せられること。無実の罪。ぬれぎぬ。

更ける
真夜中に近くなる。夜が深まる。

比肩
肩を並べること。同等であること。匹敵。

報いる
受けたことに対してそれに見合う行為を相手に行う。

相似
形や性質などが互いによく似ていること。

賜る
「もらう」の謙譲語。いただく。頂戴する。「与える」の尊敬語。くださる。たまう。

毅然
意思が強く物事に動じないさま。

憤怒
大いに怒ること。

堪能
十分満足すること。

掟

媒酌
結婚の仲立ちをすること。仲人。

流浪
各地をさまよい歩くこと。

承る
「聞く」「引き受ける」「承諾する」の謙譲語。

訝る
変だと思う。疑わしく思う。

過渡期
ある状態から新しい状態へ移り変わっていく途中の時期。

鷹揚
目先の細かいことにこだわらずゆったりと振る舞うこと。

跪く

漆

誹謗
他人を悪く言うこと。

恩寵
神や君主などから受ける愛や恵み。

貴賓
名誉・地位のある客人。

僥倖
思いがけない幸運。幸運を待つこと。

書き

- **むさん** 例）不安が――する。
- **はぶく** 例）詳細を――。
- **きょうざつぶつ** 例）――を除去する。
- **えんざい** 例）――を晴らす。
- **ふける** 例）夜が――。
- **ひけん** 例）過去の偉業に――する。
- **むくいる** 例）恩に――。
- **そうじ** 例）――した図形。
- **たまわる** 例）贈り物を――。
- **きぜん** 例）――とした態度。
- **ふんぬ** 例）――の形相。
- **たんのう** 例）名産を――する。
- **おきて** 例）それが社会の――だ。
- **ばいしゃく** 例）――の労をとる。
- **るろう** 例）――の民。
- **うけたまわる** 例）注文を――。
- **いぶかる** 例）彼の発言を――。
- **かとき** 例）――にさしかかる。
- **おうよう** 例）――に話す。
- **ひざまずく** 例）王の足元に――。＊「ひざまづく」ではない。
- **うるし** 例）――を塗る。
- **ひぼう** 例）――中傷に傷つく。
- **おんちょう** 例）――を受ける。
- **きひん** 例）――席の婦人。
- **ぎょうこう** 例）――に恵まれる。

読み

耽溺
一つのことにふけり、他を顧みないこと。よくないことに熱中するときに使う。

渓流
谷川の流れ。渓谷の流れ。

最期

抵触
触れること、矛盾すること。

詰問
厳しく問い詰めること。とがめて問いただすこと。

僅か
数量・程度・度合・価値などの極めて少ないこと。ほんの少し。

意固地
つまらないことに意地を張り通すこと。えこじ。

兵糧
陣中における軍隊の食糧。

煩雑
複雑で手間がかかること。込み入っていてわずらわしいこと。

漸進
少しずつ。段々と。順を追って少しずつ進んでいくこと。

含羞
恥ずかしいと思う気持ち。恥じらい。はにかみ。

畝
畑で、作物を栽培するために、細長く土を盛り上げた部分。

憤慨
ひどく腹を立てること。

凱旋
戦争に勝って帰ってくること。成功を収めて帰ってくること。

回向
成仏を願い、供養すること。

渓谷
山間の川。谷。

瞑想
目を閉じて心を静め、無心になって想念を集中させること。

漏電
電気がもれること。

和らぐ
激しさや厳しさが静まる。打ち解ける。穏やかになる。

矩形
長方形の別名。

瞬く
まばたきをする。
*「瞬く間」で「短い時間。あっという間」の意。

紫陽花

名代
ある人の代わりを務めること。また、その人。

背ける

斡旋
間に入って両者の間がうまくいくようにとりもつこと。周旋。

書き

たんでき
例）快楽に——する。

けいりゅう
例）——を登る鮭。

さいご
例）——をみとる。

ていしょく
例）法に——する。

きつもん
例）両親に——される。

わずか
例）——な可能性にかける。

いこじ
例）——になって反論する。

ひょうろう
例）——攻めにあう。

はんざつ
例）——な処理。

ぜんしん
例）学力が——する。

がんしゅう
例）——の色を浮かべる。

うね
例）畑に——を作る。

ふんがい
例）相手の態度に——する。

がいせん
例）故国に——する。

えこう
例）冥福を祈り——する。

けいこく
例）——をさかのぼる。

めいそう
例）——にふける。

ろうでん
例）コンセントから——する。

やわらぐ
例）痛みが少し——。

くけい
例）——を描く。

またたく
例）——間に増える。

あじさい
例）梅雨に濡れる——の花。

みょうだい
例）上司の——で会議に出る。

そむける
例）あまりの惨状に思わず目を——。

あっせん
例）バイト先を——する。

読み

且つ
二つの動作・状態が平行あるいは添加して行われることを表す。同時に。その上。

扶養
生活の面倒を見ること。

塞ぐ

下達
上の者の考えや命令を下の者に伝えること。

慰藉
慰めいたわること。

賄賂
自分に有利なようにはからってもらうために贈る金品。袖の下。

不測
想定していないこと。思いがけないこと。

垣間
垣根のすき間。「垣間（かいま）見る」で「ちらっと見る」の意。

弾む
弾力のある物体がものにぶつかってはね返る。勢いに乗って調子づく。

滴る
液体がしずくとなって落ちる。たれる。

桎梏
逃れられないしがらみ。行動・生活などの自由を厳しく束縛するもの。

風霜
風や霜。転じて世の中の厳しい苦難。

渋る
滞る。ためらう。ぐずぐずする。誘いになかなか応じようとしない。

渦潮

懐く

辱め
はずかしめること。恥辱。

統べる

牽引
集団の先頭に立って引っ張ること。

懸想
恋い慕うこと。

悉皆
一つ残らず全部。ことごとく。

懸垂
鉄棒などにぶら下がり腕の力で体を上下する運動。まっすぐに垂れ下がること。

喪
人の死後、その近親者が一定期間外出や社交的な行動を避けて身を慎むこと。

荘重
おごそかで重々しいこと。

誓う

門扉
門の扉。

書き

かつ
例）食べ――飲む。

ふよう
例）両親を――する。

ふさぐ
例）爆音に耳を――。

かたつ
例）上意――。

いしゃ
例）父を亡くした母を――する。

わいろ
例）――を受け取る。

ふそく
例）――の事態になる。

かきま
例）片鱗を――見る。

はずむ
例）電話から聞こえる――声。

したたる
例）岩の割れ目から水が――。

しっこく
例）――を逃れる。

ふうそう
例）――に耐えて生きる。

しぶる
例）報酬を――。

うずしお
例）鳴門の――。

なつく
例）叔父に――娘。

はずかしめ
例）ひどい――を受ける。

すべる
例）国を――。

けんいん
例）チームを――する。

けそう
例）人知れず――する。

しっかい
例）何もかも――話す。

けんすい
例）鉄棒での――。

も
例）――に服す。

そうちょう
例）――な儀式。＊読みは「そうじゅう」ではない。

ちかう
例）生涯の愛を――。

もんぴ
例）――を開く。

読み

敷居
＊「敷居が高い」で「不義理・不面目なことがあって、その人の家に行きにくい」の意。

机上
＊「机上の空論」で「頭の中で考えただけで実際には役に立たない理論・計画」の意。

目下
いま現在。

擁する
抱きかかえる。所有する。

珍しい
見聞きすることがまれだ。

昔日

蔓延
伸び広がること。病気や悪習などがいっぱいに広がること。

逐語
原文の一語一語を忠実にたどり訳すること。逐字。

諫める
目上の人の過ちや悪い点を指摘し、忠告する。諫言する。

殺伐
殺気が感じられるさま。穏やかさやあたたかみの感じられないさま。

瀕する
よくない事態がすぐ間近に迫っている。差し迫る。

格子

急逝

和やか

硫黄

措く
中断する。やめる。

居候
他人の家に世話になり、食べさせてもらうこと。食客。

庇護
弱い立場の者をかばって守ること。擁護。

控訴
第一審判決に不服のある場合に、上級裁判所に再審査を求めること。

漆黒
漆のように黒く光沢のあること。

薄氷
＊「薄氷を踏む」で「非常に危険な状態に臨む」の意。

寧ろ
どちらかといえば。いっそ。

躓く

徒
無益であるさま。役に立たないさま。＊「徒に」の形で副詞的に用いる。

欺瞞
人を欺くこと。

書き

しきい
例）――が高い料亭。

きじょう
例）――の空論。

もっか
例）――検討中の案件。

ようする
例）強打者を――。

めずらしい
例）――花を見かけた。

せきじつ
例）――を思い涙する。

まんえん
例）――する病。

ちくご
例）――訳を読む。

いさめる
例）主君の愚行を――。

さつばつ
例）――とした空気。

ひんする
例）絶滅の危機に――。

こうし
例）――状の都市。

きゅうせい
例）親せきが――する。

なごやか
例）――な雰囲気。

いおう
例）――のにおい。

おく
例）いったん筆を――。

いそうろう
例）人の家に――する。

ひご
例）――のもとに育つ。

こうそ
例）裁判で――する。

しっこく
例）――の闇に包まれる。

はくひょう
例）――を踏む。

むしろ
例）海より――山に行く。

つまづく
例）階段で――。

いたずら
例）――に毎日を過ごす。

ぎまん
例）――に満ちた態度。

読み

趣
風情のある様子。味わい。

喝采
手をたたいたり大声を上げたりしてほめそやすこと。

抄録
必要な部分だけ原文から書き抜くこと。抜き書き。

画定
はっきりと区切りを決めること。

綻び
物事に変化が生じて整合性を失うこと。

繙く
書物を開く。本を読む。

契り
*「契りを交わす」で「互いに約束する。特に夫婦になる約束をする」の意。

捻出
資金などをやりくりして作り出すこと。ひねり出すこと。苦心して考え出すこと。

迂路
回り道。迂回する道。

芳醇
香りが高く、味も良いこと。

初々しい
物慣れないで幼い感じがする。世間慣れしておらず若々しく新鮮に見える。

来賓

暫時
しばらくの間。 ×斬時

憑依
霊が乗り移ること。

雲雀
春の季語でもある褐色の鳥。よくさえずる。

団欒

愛でる
いつくしみかわいがる。感嘆する。

逡巡
決断をためらうこと。

閃く
考えが突然思い浮かぶ。輝く。

恫喝
人を脅し怯えさせること。

揮毫
筆で文字や絵を書くこと。特に、知名人が頼まれて書を書くこと。

逼迫
行き詰って余裕のなくなること。事態が差し迫ること。

嘆息
嘆いたりがっかりしたりしてため息をつくこと。

眼差し
物に目線を向けているときの目の様子。

寵愛
身分の上の者が下の者を特別にかわいがること。

書き

おもむき
例）――ある風景。

かっさい
例）拍手――を浴びる。

しょうろく
例）学会の論文を――する。

かくてい
例）境界を――する。

ほころび
例）――を見せる。

ひもとく
例）歴史を――。

ちぎり
例）――を交わす。

ねんしゅつ
例）予算を――する。

うろ
例）目的地まで――を通る。

ほうじゅん
例）――な酒。

ういういしい
例）――会話。

らいひん
例）――の父兄。

ざんじ
例）――応接間にてお待ち願います。

ひょうい
例）人に――する霊。

ひばり
例）――の鳴き声。

だんらん
例）一家――。

めでる
例）家で猫を――。

しゅんじゅん
例）どうすべきか――する。

ひらめく
例）いい案が――。

どうかつ
例）知人を――し金品を奪う。

きごう
例）色紙に――する。

ひっぱく
例）財政が――する。

たんそく
例）――をもらす。

まなざし
例）優しい――を向ける。

ちょうあい
例）帝の――を受ける。

コラム4

「音符」と「意味」で、読みを攻略する！

知らない漢字でも、何となく読めたりするのは、音符によって音が類推できるからである。

たとえば、「芳醇」の「醇」などは、あまり目にすることもない漢字だが、人名などで使われる「淳」と音符が同じため「ほうじゅん」と読める。それが、9割が形声文字である漢字の特徴である。

しかし、「**遵**守・**濫**費・**謀**反」は、それぞれ「×そんしゅ（→じゅんしゅ）」「×かんぴ（→らんぴ）」「×ぼうはん（→むほん）」であり、先ほどの原則が成り立たない。しかし、これらはあくまでも特殊例。そのようなものは、例外さえ覚えれば、あとは原則に照らせばよいので、難しくはない。

もう一つ、「（読みを）意味に対応させる」という方法もある。たとえば、「封」という漢字には、「ふう／ほう」という読みがある。「とじる」という意味ならば、「ふう」という読みを使い（封書・密封）、「土地」という意味ならば「ほう」と読む（封建制・素封家）。「易」（変わる＝エキ、やさしい＝イ）なども同様である。

読みの中に法則性・グループを見つけるのも、記憶を持続させるための方法である。

3章

四字熟語

ポイント

○読み書きだけではなく意味も熟読すること

○熟語の成り立ち方にも注意すること

かんぜんちょうあく
善事を勧め、悪事を懲らしめること。

ぜんだいみもん
これまで聞いたことのないような珍しいこと。

ごりむちゅう
物事の様子がまったくわからず、方針や見通しが立たないこと。

ようとうくにく
見かけと実質とが一致しないこと。見かけ倒し。

いちごいちえ
一生に一度限りであること。

しこうさくご
試みと失敗を繰り返すなかで、次第に解決策を見出すこと。

ぼうじゃくぶじん
人目を気にせず、勝手気ままに振る舞うこと。

しゃくしじょうぎ
一定の基準・形式で他のすべてを律しようとすること。融通がきかないさま。

おんこちしん
昔の物事を調べて、そこから新しい知識や見解を得ること。

いっきいちゆう
状況の変化に応じて逐一喜んだり心配したりすること。

うんさんむしょう
雲や霧が消えるようにあとかたもなくなくなること。

いしんでんしん
互いの気持ちが言葉を使わなくてもわかること。

せんざいいちぐう
千年に一度めぐりあうほどの、めったにない機会。

かんこつだったい
古い詩文の発想・形式を踏襲しながら、独自の作品を作り上げること。

いふうどうどう
威厳があって立派なさま。

こうとうむけい
でたらめなさま。根拠がなく、現実性のないこと。

がでんいんすい
自分の都合のいいように説明したり、物事を進めたりすること。

はらんばんじょう
変化が激しく劇的であること。

ごんごどうだん
もってのほかであること。
✕げんごどうだん

いみしんちょう
奥に深い意味を持っていること。裏に別の意味が隠されていること。

しょうしんしょうめい
間違いなく本物であること。

きしょうてんけつ
物事の順序や組み立て。

ゆうずうむげ
自由で何ものにもとらわれないさま。

あいまいもこ
ぼんやりしていてはっきりとしないさま。

うよきょくせつ
事情が込み入っていて、いろいろ変化すること。

読み

- 勧善懲悪
- 前代未聞
- 五里霧中　×五里夢中
- 羊頭狗肉
- 一期一会
- 試行錯誤
- 傍若無人　例）――なふるまい。
- 杓子定規　例）――にあてはめる。
- 温故知新　×温古知新
- 一喜一憂
- 雲散霧消　例）疑惑の念も――する。
- 以心伝心　×意心伝心
- 千載一遇　例）――の好機。
- 換骨奪胎　例）――して作品をつくる。×換骨奪体
- 威風堂堂
- 荒唐無稽
- 我田引水
- 波瀾万丈　*「波乱」とも。
- 言語道断
- 意味深長　例）――な表情を浮かべる。×意味慎長
- 正真正銘
- 起承転結
- 融通無碍　例）――な考え。
- 曖昧模糊
- 紆余曲折　例）――を経る。

書き

ぎしんあんき
疑う心が強くなると、何でもないものにまで恐れや疑いの気持ちを抱くこと。

たいきばんせい
大人物は大成するまでに時間がかかるということ。

ばじとうふう
忠告や批評を聞いても少しも気に留めず、少しも反省しないこと。

ばりぞうごん
口汚いののしりの言葉。

おかめはちもく
第三者は当事者よりも情勢が客観的によく判断できるということ。

きんかぎょくじょう
最も大切な法律・規則。絶対的なよりどころとなるもの。

たいげんそうご
実力以上の大きなことを言うこと。

ふえきりゅうこう
松尾芭蕉の俳諧理念の一つ。新しみを求めて変化していく流行性こそ不易の本質であるということ。

じゅうおうむじん
物事を思う存分にやるさま。

きしかいせい
絶望的な状態のものを立て直すこと。

くうぜんぜつご
極めて珍しいこと。

たんとうちょくにゅう
遠回しな言い方をせず、すぐに本題に入ること。直接に要点を突くこと。

ふそくふり
つかず離れずの状態にあること。

いちもうだじん
一味の者を一度に全部捕らえること。

きどあいらく
人間のさまざまな感情。

しんぼうえんりょ
遠い将来のことまで考慮した深いはかりごと。

どうしょういむ
行動をともにしながら意見や考え方が異なること。

ふわらいどう
自分の意見がなく、すぐに他人の意見に合わせること。

ういてんぺん
世の中のすべてのものが絶えず変化して、しばらくの間も同じ状態にとどまることがないこと。

こうげんれいしょく
言葉を飾り、表情をとりつくろうこと。

しんらばんしょう
宇宙に存在するすべてのもの。

はくらんきょうき
広く書物を読み、それらをよく記憶していること。

へんげんじざい
自由自在に現れたり消えたりすること。

えいこせいすい
人・家・国家の勢いにも盛んなときと衰えるときのあること。

こりつむえん
仲間もなく、助けてくれる者がいないこと。

読み

疑心暗鬼

大器晩成

馬耳東風

罵詈雑言
例）——を浴びせる。

傍目八目
*「岡目八目」とも書く。

金科玉条

大言壮語

不易流行

縦横無尽

起死回生
例）——の案を練る。

空前絶後
例）——の流行。

単刀直入
例）——に尋ねる。
×短刀直入

不即不離

一網打尽
例）窃盗団を——にする。

喜怒哀楽
×喜怒愛楽

深謀遠慮
例）——を巡らせる。

同床異夢

付和雷同
×不和雷同

有為転変
×有為天変

巧言令色

森羅万象

博覧強記
例）先生は——な人物だ。

変幻自在

栄枯盛衰

孤立無援
例）——に陥る。

書き

こんぜんいったい
すべてが溶けあって一つのものになること。

せんさばんべつ
種々様々あり、違いもいろいろであること。

とうほんせいそう
ある目的のためにあちこち駆け回ること。

こうじょりょうぞく
社会的妥当性が認められる道徳観。公の秩序と善良の風俗。

ちょとつもうしん
目的に向かって向こう見ずに突き進むこと。

ししふんじん
獅子が奮い立って猛進するように激しい勢いで物事に対処すること。

ちょうれいぼかい
命令や規則が頻繁に変わって定まらないこと。

あんちゅうもさく
手がかりのないまま、あれこれ試すこと。

ごえつどうしゅう
仲の悪い者同士が同じ場所に居合わせること。

てんがいこどく
この世に身寄りがひとりもなく、ひとりぼっちであるさま。

しゅびいっかん
方針や態度が終始変わらず、筋が通っていること。

てんいむほう
人柄が飾り気がなく純真で無邪気なさま。

いちれんたくしょう
結果はどうあろうと、最後まで行動や運命を共にすること。

ごこくほうじょう
穀物が豊かに実ること。

ふんこつさいしん
力の限り努力すること。

しょうまっせつ
物事の中心ではないささいな部分。

てんしんらんまん
生まれつきの素直な心そのままで、明るく純真で無邪気なさま。

がしんしょうたん
目的を達成するため苦労を重ねること。

さいしょくけんび
優れた才知と美しい顔かたちの両方を備えていること。

めいきょうしすい
なんのわだかまりもなく澄み切って落ち着いた心境。

せっさたくま
友人同士が互いに励まし合い、競い合って共に向上すること。

とういそくみょう
状況に応じて素早く機転を利かせること。

がりょうてんせい
物事を完璧なものにするための最後の仕上げ。＊「がりゅうてんせい」とも。

しりめつれつ
筋道が通らずめちゃくちゃなこと。

りゅうとうだび
最初は勢いがよいが、終わりになるとまったく振るわなくなること。

読み

渾然一体

千差万別

東奔西走

公序良俗
例）――に反する。

猪突猛進

獅子奮迅
例）――の働き。

朝令暮改
×朝例暮改

暗中模索

呉越同舟

天涯孤独

首尾一貫
例）――した主張。

天衣無縫
×天衣無法

一蓮托生

五穀豊穣
例）――を願う。

粉骨砕身
例）――努力する。
×粉骨砕心

枝葉末節
例）――にこだわる。

天真爛漫

臥薪嘗胆

才色兼備

明鏡止水

切磋琢磨
例）ライバルと――する。

当意即妙
例）――な受け答え。

画竜点睛

支離滅裂

竜頭蛇尾

書《き》

いいだくだく
事のよしあしにかかわらず、何事でもはいはいと従うさま。人の言いなりになり、おもねるさま。

なんせんほくば
全国を忙しく旅行することと絶えず旅をしてせわしないこと。

かっかそうよう
痒いところに手が届かないように、思うようにいかず、もどかしいこと。

むいとしょく
何もせずただ無駄に日々を送ること。

ふへんだとう
どんなものにも、どんなときにも適当に当てはまるさま。

いくどうおん
皆が口をそろえて同じ内容を発言すること。

びじれいく
巧みに美しく飾った言葉。うわべだけ飾った内容の乏しい真実味のない言葉の意。

しゅうしょうろうばい
非常に慌て、うろたえること。

わちゅうきょうどう
心を同じくして共に力を合わせ、仕事や作業に当たること。

なんこうふらく
攻めがたくなかなか陥落しないこと。こちらがいくら働きかけても、相手がなかなか応じてくれないこと。

おんこうとくじつ
温かで情が厚く誠実なさま。

よういしゅうとう
心遣いが隅々まで行き届いて、準備に手抜かりがないさま。

けいこうぎゅうご
大きな集団や組織の末端にいるより、小さくてもよいから長となって重んじられるほうがよいということ。

ひゃっきやこう
悪人どもが思いのままに悪事をすること。得体の知れない者たちが、我が物顔に振る舞うこと。

ぜんとようよう
将来の展望が明るく希望が持てるさま。

ふんれいどりょく
気力を奮い起こして励むこと。

がんめいころう
頑固で視野が狭く、道理をわきまえないさま。

しょうしんよくよく
本来は慎み深くうやうやしいさま。転じて、気が小さくびくびくしているさま。

こじらいれき
古くから伝わっている事柄について、由来・歴史や伝来の事情など。

きょうえつしごく
かしこまって喜ぶこと。目上の人に述べる喜びの言葉。

しんざんゆうこく
人気のない、奥深く静かな山や谷のこと。人があまり行かない奥深い自然。

りごうしゅうさん
離れたり集まったり、一緒になったり別れたりすること。

せんしばんこう
あれこれと考えて思いをめぐらせること。

じゅくりょだんこう
よく考えた上で、思い切って実行すること。

こぶげきれい
大いに励まし奮い立たせること。叱咤激励。

読み

唯唯諾諾

南船北馬

*「南船」「北馬」は中国の交通手段。頻繁に旅をする意。

隔靴掻痒

無為徒食

普遍妥当

異口同音

美辞麗句

周章狼狽

和衷協同

難攻不落

温厚篤実

用意周到

鶏口牛後

百鬼夜行

前途洋洋

奮励努力

頑迷固陋

小心翼翼

故事来歴

恐悦至極

深山幽谷

離合集散

千思万考

熟慮断行

鼓舞激励

書き

はくしじゃっこう
意志が弱く決断力や実行力に欠けること。

えいしゅんごうけつ
人並みはずれた才能や能力を多く持つ優れた人のこと。

こうがんむち
厚かましく恥知らずなさま。

しきそくぜくう
現世に存在するあらゆる事物や現象はすべて実体ではなく空無であるという仏教の観念。

ゆうじゅうふだん
ぐずぐずして物事の決断が鈍いこと。決断力に欠けること。

せいこううどく
田園で世間のわずらわしさを離れて心穏やかに暮らすこと。悠々自適の生活を送ることをいう。

しちてんばっとう
激しい苦痛などで、ひどく苦しみ転げまわること。

しんしょうぼうだい
ささいな物事をおおげさに誇張して言うこと。

ばんりょくいっこう
多くの男性の中、ただ一人目立つ女性。一般に広く衆目を集める美人をたとえる。紅一点。

じゅんぷうまんぱん
物事がすべて順調に進行すること。

ぼうぜんじしつ
あっけにとられたり、あきれたりして、我を忘れること。

えんてんかつだつ
行いを滞りなくこなすさま。物事をそつなくこなすさま。

こうちせっそく
上手でも遅いより、下手でも速いほうがよいということ。

けんどちょうらい
一度敗れたり失敗したものが、再び勢いを盛り返して巻き返すこと。

いちじつせんしゅう
「一日が千年にも長く思われる」の意から、非常に待ち遠しいことのたとえ。

げいいんばしょく
大型動物のようにむやみにたくさん飲食すること。

こうへいむし
公平で私情を挟まないこと。

きんじょうとうち
非常に守りの堅いたとえ。

ぶつじょうそうぜん
世の中が落ち着かず騒がしいこと。

きょうきらんぶ
ひどく喜ぶさま。思わず小躍りするほど大いに喜ぶこと。

はくりたばい
一つの商品の利益を減らして大量に売り、全体として利益が上がるようにすること。

えんめいそくさい
何事もなく長生きすること。

さんしすいめい
山が日の光で紫にかすみ、川が澄んで美しい意から、自然の風景が清浄で美しいこと。

むちもうまい
知恵や学問がなく、愚かなさま。

しゅかくてんとう
主な物事と従属的な物事が逆の扱いを受けること。

読み

薄志弱行
英俊豪傑
厚顔無恥
色即是空
優柔不断

晴耕雨読
七転八倒
針小棒大
万緑一紅
順風満帆

茫然自失
円転滑脱
巧遅拙速
捲土重来
一日千秋

鯨飲馬食
公平無私
金城湯池
物情騒然
狂喜乱舞

薄利多売
延命息災
山紫水明
無知蒙昧
主客転倒

書き

こだいもうそう
自分の地位・財産・能力などを実際より過大に評価して、自分が他人よりもずっと優れていると思い込むこと。

しつじつごうけん
飾り気がなくまじめで心身ともに強くたくましいさま。

りょうふうびぞく
健康的で美しい風習・風俗。

しゅうじんかんし
多くの人が周りを取り囲んで見ていること。

わこんかんさい
日本固有の精神と中国渡来の学問。日本固有の精神を失わずに、中国の学問を消化・活用すべきであるの意。

ひゃくせんれんま
数々の実戦で鍛えられること。また、多くの経験を積んでいること。

ぶんじんぼっかく
詩文や書画などの風流に親しむ人のこと。

きよほうへん
褒めたり、けなしたりすること。

こしたんたん
機会をじっと狙っているさま。

じゅんしんむく
清らかで穢れがないこと。

ひよくれんり
男女の情愛の深くむつまじいことのたとえ。相思相愛の仲。夫婦仲がむつまじいたとえ。

すいせいむし
何もせずに、むなしく一生を過ごすこと。

ぼうちゅうゆうかん
いくら多忙でも心に余裕があれば暇は取れる。

かんこんそうさい
慣習的に定まった慶弔の儀式の総称。

たいぜんじじゃく
落ち着いていてどんなことにも動じないさま。

ぜひぜんあく
物事の正・不正、善し悪し。

ききいっぱつ
ひとつ間違うと大変な危険に陥ってしまう瀬戸際。

だいどうしょうい
細部は違うがだいたい同じであること。

こぐんふんとう
支援する者がない中、一人で懸命に戦うこと。一人で難事業に向かって鋭意努力すること。

けいきょもうどう
軽はずみに何も考えず行動すること。

ろんこうこうしょう
功績の大きさを調べ、それに応じた賞を与えること。

ばんこふえき
いつまでも変わらないこと。

じじつむこん
事実であるという根拠がないさま。

きゅうたいいぜん
昔のままで少しも進歩や発展がないさま。

りんきおうへん
状況に応じた行動をとること。場合によって、その対応を変えること。

読み

誇大妄想

質実剛健

良風美俗

衆人環視

和魂漢才

百戦錬磨

文人墨客

毀誉褒貶

虎視眈眈

純真無垢

比翼連理

酔生夢死

忙中有閑

冠婚葬祭

泰然自若

是非善悪

危機一髪

大同小異

孤軍奮闘

軽挙妄動

論功行賞

万古不易

事実無根

旧態依然

臨機応変

書き

いちげんこじ
何に対してもひとこと言わなければ気のすまない人のこと。

けんにんふばつ
どんな事があっても心を動かさず、じっと我慢して堪え忍ぶこと。

せんがくひさい
学問や知識が浅く未熟で、才能が欠けていること。自分の識見をへりくだって言う語。

ゆうゆうじてき
のんびりと心静かに、思うままに過ごすこと。

かっさつじざい
生かすも殺すも自分の思い通りに扱うさま。

かいとうらんま
こじれた物事を非常に鮮やかに処理し、解決すること。

ちんしもっこう
黙ってじっくりと深く物事を考え込むこと。

げっかひょうじん
男女の縁を仲立ちする人。

もうぼさんせん
子どもは周囲の影響を受けやすいので、子どもの教育には環境を選ぶことが大事であること。

たきぼうよう
学問の道が多方面になりすぎて真理を得がたいこと。道がたくさんあってどれを選べばよいか迷うこと。

しんきいってん
ある動機をきっかけとして、すっかり気持ちが良い方向に変わること。

やろうじだい
自分の力量を知らずにいばっている人のこと。

しんしょうひつばつ
情実に囚われず、賞罰を厳正に行うこと。

たいぎめいぶん
人、また臣として国家や君主に対して守るべき道理・本分。ある行為のよりどころとなる正当な理由や道理。

かろとうせん
時節に合わず無駄なもののこと。無用なもの、役に立たない言論や才能のたとえ。

ごしょうだいじ
殊更に大事にすること。

かんきゅうじざい
状況などに応じて早くしたり遅くしたり、緩めたり厳しくしたりと思うままに操れるさま。

いちいたいすい
両者の間に一筋の細い川ほどの狭い隔たりがあるだけで極めて近接していることのたとえ。

こうろんたくせつ
普通の人では考え及ばないような優れた意見や議論のこと。

こじょうらくじつ
勢いが衰えて助けもなく心細いさま。

ゆうもうかかん
勇ましくて力強く、決断力のあるさま。

せいれんけっぱく
心が清くて私欲がなく、後ろ暗いところがまったくないさま。

しょうじんけっさい
肉食を絶ち、行いを慎んで身を清めること。

かんわきゅうだい
話が横道にそれたのを本筋に戻すときに言う語。それはさておき。ともかく。

いんにんじちょう
怒りや苦しみなどをじっと我慢して軽々しい行いを慎むこと。

読み

一言居士

堅忍不抜

浅学非才

悠悠自適

活殺自在

快刀乱麻

沈思黙考

月下氷人

孟母三遷

多岐亡羊

心機一転

夜郎自大

信賞必罰

大義名分

夏炉冬扇

後生大事

緩急自在

一衣帯水

高論卓説

孤城落日

勇猛果敢

清廉潔白

精進潔斎

閑話休題

隠忍自重

コラム5

同訓異義語は、熟語化で攻略する！

「おさめる＝収める・納める・治める・修める」「とる＝取る・採る・捕る・撮る・摂る」などは、目的語の違いによって使い分けをしなくてはいけない漢字である。一見、面倒くさく分かりづらそうに思えるが、これには、簡単な判断法がある。それは、熟語化してみることである。たとえば…

・資格をとる　→　資格を**取得する**だから「取」。
・決をとる　→　**採決**だから「採」。
・虫をとる　→　**捕虫網**（虫とり網）だから「捕」。
・写真をとる　→　**撮影する**だから「撮」。
・食事をとる　→　**摂食**などというから「摂」。

ただし、「取る」などは「摂取」とも言うように、割とオールマイティに使える漢字である。

また、「驚嘆にあたいする」（○値　×価）の場合、「驚嘆する価値がある」と置き換えられ、両方使えるように思うが、「値（あたい）＝値打ち」「価（あたい）＝商売のときにつける価格（数字）」というニュアンスの違いがある。

4章

同音異義語

ポイント

○意味から、使う漢字を類推すること
○例文ごと書き取って覚えること

書き

いぜんとして不明である。
いぜんと比較する。

人間のえいい。
えいい制作中である。

えんかく操作を行う。
大学のえんかくをたどる。

かいこ録を著す。
かいこ趣味。

進化のかてい。
命題が真だとかていする。
義務教育かていを修了する。

かんがいにふける。
かんがい用水。

生徒の注意をかんきする。
成功にかんきする。
部屋をかんきする。

読み

依然　これまでと変わらないさま。

以前　ある時点よりも前。

営為　人間が日々営んでいる生活や仕事。

鋭意　気持ちを集中して励むこと。懸命に努力する様子。

遠隔　遠く離れていること。

沿革　学校・会社などの組織が今日まで変貌・推移を重ねてきた、その歴史。

回顧　昔を思い返すこと。過去を振り返ってみること。

懐古　昔のことをしのび懐かしむこと。

過程　物事が進行して結果にたどりつくまでの道筋。

仮定　ある条件を仮に設定すること。

課程　学校などで一定期間に割り当てさせる学習範囲と順序。

感慨　心に深く感じて、しみじみとした気持ちになること。

灌漑　川などから水を引き、供給すること。

喚起　意識されていなかったことを呼び起こすこと。

歓喜　大きな喜び。

換気　空気の入れ換え。

書き

彼の言動にかいぎを抱く。
かいぎに出席する。

かんきょうを整える。
かんきょうをそそる絵画。

消費者に利益をかんげんする。
かんげんして説明する。

かんように表現する。
心がかんようだ。
何事にも忍耐がかんようだ。
熟語のかんよう例。
集中力をかんようする。
かんよう植物を置く。

きげんを損ねる。
人類のきげんをたどる。

かんそうさせた食品。
かんそう会を開く。
本のかんそうを述べる。

読み

懐疑　物事の意味や価値などに疑いを持つこと。

会議　関係者が集まって相談をすること。

環境　まわりを取り巻く周囲や世界の状態。

感興　何かを見聞きして興味がわくこと。

還元　元の状態に戻すこと。

換言　別の言葉で言い換えること。

簡要　簡潔にまとめた要点。

寛容　心が広く物事を受け入れやすいさま。

肝要　非常に大切なこと。

慣用　習慣的に使われていること。

涵養　無理せずゆっくりと養い育てること。

観葉　「観葉植物」は、観賞用植物のうち、特に葉を観賞の対象とする植物。✕観用植物。

機嫌　気分の良し悪し。

起源　物事の起こり。

乾燥　水分がなくなり、かわくこと。

歓送　出発する人を励まし、組織などから送り出すこと。

感想　物事について、心に感じ思ったこと。

書き

成功までのきせきをたどる。

きせきが起こる。

きょうぎの意味で用いる。

信仰のきょうぎに従う。

解決策をきょうぎする。

事件のけいいを調べる。

けいいを表明する。

国交回復のけいきとなる。

けいきが回復する。

学生運動がけいきする。

こうしょう十万部の部数。

国際取引についてのこうしょう。

観客がこうしょうする。

こうしょうな考え。

時代をこうしょうする。

こうしょう人に依頼する。

読み

軌跡　人や物事がそれまでたどってきた道筋。

奇跡　常識で考えては起こり得ないような不思議な出来事。

狭義　言葉の意味のうち、狭い範囲の意味。

教義　宗教などで真理と認められている教えやその内容。

協議　集まって話し合うこと。

経緯　物事の経過。てんまつ。

敬意　相手を敬う気持ち。

契機　きっかけ。

景気　経済活動の状況。

継起　物事が相次いで起こること。

公称　世間一般に対して発表されていること。

交渉　特定の問題に関して相手と話し合うこと。

哄笑・高笑　大声で笑うこと。

高尚　教養や知性の程度が高く、上品であること。

考証　古い書物や物品などを頼りに昔の物事を説明すること。

公証　「公証人」は、民事に関する公正証書の作成などを行う公務員。

書き

げんぜんたる様子。
新しい道がげんぜんする。

けんめいな努力を続ける。
けんめいな判断。

権力をこじする。
こじ院に預けられる。

洋服をしんちょうする。
しんちょうに行動する。
意味しんちょう。
体力がしんちょうする。
勢力がしんちょうする。
しんちょうが伸びる。

しい的な文章解釈。
日本人のしい様式。

しょうそう感にかられる。
それは時期しょうそうだ。

パソコンがふきゅうする。
ふきゅうの名作。

読み

厳然 おごそかで近寄り難いさま。

現前 目の前に実在すること。

懸命 力を尽くして頑張るさま。

賢明 賢くて、物事の判断が適切であること。

誇示 得意になって見せびらかすこと。

孤児 両親のいない子ども。

新調 新しくこしらえること。

慎重 注意深く、軽々しく行動しないこと。

深長 意味が奥深く、含みが多いこと。

伸長 長さや力が伸びること。

伸張 勢力が伸び広がること。

身長 身体の高さ。背たけ。

恣意 自分の思うままに振る舞う心。気ままな考え。

思惟 考えること。思考。

焦燥 いらいらすること。あせること。

尚早 事をなすにはまだ早すぎること。

普及 広く行き渡ること。

不朽 いつまでも価値を失わずに残ること。

書き

建物を破かいする。
過去を述かいする。

ぎ式を執り行う。
ぎ会を開く。

さい判を開廷する。
野菜をさい培する。

床下にしん水する。
部屋にしん入する。

資本を蓄せきする。
成せきをあげる。

ひ害にあう。
ひ露宴を開く。

元そであると主張する。
そ税を支払う。
侵入をそ止する。

へい害が起こる。
貨へいを印刷する。

壊　懐

壊　こわす。やぶれる。

懐　なつかしむ。心に思う。

儀　議

儀　作法。規準。様式。かたどる。はかる。なぞらえる。

議　意見を出して話し合う。理由や文句をつける。思いをめぐらす。説明する。

裁　栽

裁　布を断ち切る。切り盛りする。善悪を判断して決める。外見。

栽　草木を植える。植え込み。

浸　侵

浸　水につける。水が次第にしみこむ。

侵　少しずつほかの領分に入り込む。攻め入る。損なう。

積　績

積　つみ重なる。掛け合わせて得た数値。不平などの感情がたまる。広さ。かさ。

績　つむぐ。繊維を引き出し、糸にする。積み重ねた仕事やその結果。

被　披

被　かぶせる。かぶる。受け身の。着る。よくないことを身に受ける。こうむる。

披　開く。人前に見せる。手の内を開いて見せる。

祖　租　阻

祖　物事のもと。一派や家系を開いた人。親の親。

租　みつぎ。年貢。借りる。

阻　はばむ。妨げる。険しい。

弊　幣

弊　やぶれる。疲れる。たるんで生じた害。悪い。自分に関することに添えて謙遜を表す語。

幣　神に供える布。贈り物。貢ぎ物。通貨。銭。

成績を自まんする。

まん然と日々を過ごす。

結論にいぎを唱える。

漢字のいぎを調べる。

いぎを正す。

かんかできない問題。

書物にかんかされる。

骨董品をかんかする。

いしょくな経歴。

業務をいしょくする。

臓器をいしょくする。

いしょく住を提供する。

がいとうで聞き込みを行う。

がいとうする箇所を探す。

かしゃくなく罰する。

良心のかしゃく。

事件のかくしんに迫る。

勝利をかくしんする。

読み

慢
怠ける。他を見くびっておごる。速度や進行がだらだらと遅い。

漫
満ちる。一面に広がる。むやみに広がって締まりがない。とりとめがない。なんとなく。

異議
反対や不賛成の意見。不服の意思表示。

意義
言葉によって表される意味。

威儀
いかめしく重々しい態度・動作。

看過
よくない物事を見過ごすこと。

感化
影響を与えて考えや情緒を変化させること。

換価
物品の価値を金額に見積もること。

異色
他と異なり特色があること。

委嘱
一定期間、特定の仕事を他の人に任せること。

移植
生物体の組織の一部や臓器を取り出し、別の部位や個体に移し替えること。

衣食
着るものと食べるもの。暮らし。生活。

街頭
街の通り。街角。

該当
一定の条件に当てはまること。

仮借
借りること。見逃すこと。

呵責
厳しくとがめ、さいなむこと。

核心
物事の中心となる大切な部分。重要部分。

確信
固く信じて疑わないこと。

書き

他人の生活にかんしょうする。

音楽かんしょうを趣味にする。

気泡かんしょう材で包む。

かんしょうにひたる。

ありのままにかんしょうする。

熱帯魚をかんしょうする。

かんけつに説明する。

物語がかんけつする。

かんたんな問題。

再生にかんたんを砕く。

高度な技術にかんたんする。

かんだんの差が激しい気候。

リビングでかんだんする。

かんだんなく湧き出る。

活躍のきかいを与えられる。

きかいな事件。

読み

干渉 当事者でない者が口出しをして、他人を自分の意思に従わせようとすること。

鑑賞 芸術作品などに触れて、その良さを味わうこと。

緩衝 衝撃や不和などをやわらげること。

感傷 物事に触れ、心を痛めること。

観照 物事を冷静に認識すること。

観賞 植物や魚など、美しいものを見て楽しむこと。

簡潔 短く要点をとらえているさま。

完結 すっかり終わること。それ自体がまとまったものとして存在できていること。

簡単 込み入っておらずわかりやすいこと。

肝胆 心の奥底。真実の心。

感嘆 物事に感心してほめたたえること。

寒暖 寒さと暖かさ。

歓談 打ち解けて話すこと。

間断 途切れること。絶え間。切れ目。

機会 物事をするのに丁度よいタイミング。時機、チャンス。

奇怪 あやしく不思議なさま。

書き

国のきかん産業。
情報管理きかんで働く。
戦地からきかんする。
消化きかん。
きかんに食物がつまる。
この店がきかん店だ。
シリーズのきかん本。

きせいの概念。
交通をきせいする。
きせい品で間に合わせる。

核兵器のきょうい。
きょういの目を見張る。

けいしょうで有名な土地。
けいしょうを鳴らす。
観念をけいしょう化する。
伝統芸能をけいしょうする。
けいしょう略。

けいけんなキリスト教徒。
仕事をけいけんする。

読み

基幹 中心となるものやこと。

機関 特定の業務をとり行う組織。

帰還 遠方から基地や故国に帰ること。

器官 生物の身体の内部で一定の機能を持つ部分。

気管 喉から肺に至る管。

旗艦 司令官が乗っている軍艦。「旗艦店」は販売拠点となる中心店舗。

既刊 すでに刊行されていること。

既成 すでにできあがっていること。

規制 規則によって物事を制限すること。

既製 製品としてすでに作られていること。レディーメード。

脅威 力や勢いで脅かされること。

驚異 驚いて不思議がるほどずば抜けているさま。

景勝 景色が優れていること。

警鐘 危険を伝えるために鳴らす鐘。

形象 観念やイメージを具象化すること。

継承 先代の身分や仕事、財産などを受け継ぐこと。

敬称 相手の名前や官職名の下に付けて敬意を示す言葉。

敬虔 敬い慎むさま。

経験 実際に触れてやってみること。またそうして得られた知識や技能。

書き

問題がけんざい化する。
両親ともけんざいである。

こうりょうたる草原。
法律のこうりょう。

しせいにあふれるうわさ。
しせいを正す。

日本人のしこうに合う。
芸術家をしこうする。
しこう性アンテナ。
今日をもって法律をしこうする。
しこうを巡らす。
しこう錯誤。

彼の意見をこうていする。
徒歩10分のこうてい。
作業のこうていを見直す。

ハトは平和のしょうちょうだ。
国力がしょうちょうする。

読み

顕在　形に表れていること。対義語は「潜在」。

健在　元気で暮らしているさま。

荒涼　荒れ果ててものさびしいさま。

綱領　おおもとの要点。政策、運営の方針。

市井　まち。ちまた。俗世間。

姿勢　身体や心の構え方。

嗜好　あるものを特に好み、それに親しむこと。特に飲食物についての好み。

志向　意識や考えがある対象に向かうこと。

指向　ある方向・目的に向かうこと。ある方向に向かおうとする傾向を持つこと。「指向性」は音波・電波などの強さが方向によって異なる性質。

施行　実際に行うこと。政策・計画などを実行すること。法令の効力を発生させること。

思考　考えること。

試行　ためしにやってみること。繰り返し行うことのできる実験・観測を試みること。

肯定　そのとおりであると認めること。

行程　目的までの距離。

工程　作業の順序・過程。

象徴　概念などを具体的なものによって表すこと。

消長　勢いが盛んになったり衰えたりすること。盛衰。

書き

せいさいを放つ。
せいさいを加える。
せいさいな調査。

二つを比較たいしょうする。
高校生をたいしょうとした本。
左右たいしょうの三角形。

へんこうした考え方。
目標をへんこうする。

業務をぼうがいする。
ぼうがいの幸運。

部屋のかん気をする。
注意をかん起する。

品質をほしょうする。
社会ほしょう制度。
損害をほしょうする。

ぐう像を崇拝する。
同じ境ぐうにいる人々。

読み

精彩 活気があり、鮮やかなさま。

制裁 ルールに背いた者への罰。

精細 きめ細かく配慮が行き届いているさま。

対照 二つ以上の事物を比べ、違いを際立たせること。

対象 行為の目標となる事物。

対称 ものが互いに対応しながら、つり合いを保っているさま。

偏向 考え方がかたよっていること。また、その傾向。

変更 決定されていたことを変えること。

妨害 邪魔をすること。

望外 望んでいた以上にいいこと。

換 取りかえる。入れかえる。

喚 大声を出す。わめく。呼び寄せる。

保証 間違いなく大丈夫であると請け合うこと。

保障 ある状態や地位がおかされないよう保護すること。

補償 与えた損失を、事後的につぐなうこと。

偶 ひとがた。人形。二つで対をなすもの。ペア。二で割りきれる数。たまたま。

遇 出会う。もてなす。敵対する。たまたま。機会。

書《き》

家ちくを飼う。
ちく財を勧める。

異文化をはい斥する。
はい優に出くわす。
深夜にはい徊する。

扱いにふん慨する。
火山がふん火する。

ぼう績事業を始める。
国境をぼう備する。
業務をぼう害する。

誤りを指てきする。
てき切な処置を施す。
相手とてき対する。
水てきをふきとる。

焦そう感に駆られる。
飛行機をそう縦する。

書籍をへん集する。
へん向した考えを捨てる。

操作をあやまる。
無礼をあやまる。

畜
牛馬などを飼う。家で飼う動物。

蓄
たくわえる。多くのものを一所に集める。扶養する。

排
押し開く。押しのける。並べる。列。

俳
たわむれ。おどけ。芸。役者。俳諧・俳句の略。

徘
さまよう。あてもなく歩きまわる。

憤
腹を立てる。もだえる。奮い立つ。

噴
内部から外に噴き出す。

紡
糸をつむぐ。

防
せきとめる。守る。ふせぐ。くいとめる。備える。堤。

妨
邪魔をする。さまたげる。

摘
つまむ。つまみ出す。選び取る。指さす。要点をまとめる。あばく。

適
ほどよい。楽しむ。心にかなう。ぴったり。進み行く。

敵
対等に張り合う。競ったり憎んだりして張り合う相手。かたき。

滴
しずく。したたる。

燥
かわく。

操
手先でうまく扱う。決心したことを守る志。

編
文章を集めて書物に仕立てる。組み合わせてまとまった形に仕立てる。詩文を数える語。

偏
かたよる。本筋や中心からそれている。土地や度量が狭い。漢字の組み立てで左側の部分。

誤る
間違える。失敗する。よくないことをする。

謝る
許しを乞う。わびる。閉口する。まいる。

書き

いがいな事実。
関係者いがいは立ち入り禁止。

いしつな物質を除く。
いしつ物を預かる。

明治いしん。
会社のいしんをかける。

身体にいじょうを訴える。
今年はいじょうに寒い。
社長権限をいじょうする。
土地の所有権をいじょうする。

えいせい面に気を払う。
えいせい都市。
えいせい中立国。

えいりな刃物。
えいり目的での使用。

証拠品をおうしゅうする。
議論のおうしゅう。

かいき日食。
原点にかいきする。

読み

意外　考えていた状態と非常に違っていること。

以外　それを除く他のもの。ある範囲の外側。

異質　性質の違うさま。

遺失　置き忘れたり落としたりして、金品を失うこと。なくすこと。「遺失物」は落とし物・忘れ物のこと。

維新　すべてが改まり新しくなること。

威信　外に示す威厳と外から受ける信望。

異状　普段と違ってどこか具合の悪い点があると感じられる状態。

異常　普通ではない、どこか変わったところがある様子。

委譲　権利・権限などを譲り任せること。「任せる」に重点。

移譲　権限や権利、財産などを譲り移すこと。「移す」に重点。

衛生　(身の回りを清潔にして)健康を保つとともに、病気の予防と治療に努めること。

衛星　あるものを中心として、それに従属して周辺にあるもの。人工衛星の略。

永世　限りのない長い年月。永久。永代。

鋭利　するどく、切れ味のよいさま。

営利　経済的な利益を得る目的で行動すること。

押収　裁判所や捜査機関が証拠物または没収すべきものを占有・確保すること。また、そのための強制処分。

応酬　双方から互いにやり取りすること。

皆既　「皆既食」の略。日食や月食で、太陽や月の全面が隠される現象。

回帰　一回りして元に戻ること。

書き

かいそうに分かれる。
店舗をかいそうする。

人質をかいほうする。
経済をかいほうする。

かせん産業。
かせんの護岸工事。

プレゼントにかんげきする。
かんげきをぬって進む。

計画をきとする。
きとにつく。

きけんを察知する。
選挙をきけんする。

採点のきじゅん。
道徳のきじゅん。
国家にきじゅんする。

教科書をかんしゅうする。
地域のかんしゅう。

読み

階層 社会的、経済的地位がほぼ同じ程度の集団。

改装 外観や内装などを模様替え、新しく変えること。

解放 捕まえていたものを放して自由にすること。

開放 制限などを設けず、自由にすること。

寡占 少数の者が市場を支配している状態。

河川 水の流れ。大小の川。

感激 心を打たれ、気持ちが高ぶること。

間隙 人や物の間。すきま。油断。

企図 物事をくわだてること。

帰途 帰りの道。

危険 あぶないこと。悪い結果をもたらすおそれがあること。

棄権 権利を自らの意思で捨てて行使しないこと。

基準 物事を比較・判断するよりどころとなる一定の標準。

規準 判断や行動の模範となるよりどころ。従うべき規則。

帰順 反抗をやめて服従すること。

監修 書物の著述や編集を監督すること。

慣習 ある社会で古くから受け継がれてきている生活上のならわし。しきたり。

書き

きしょうが荒い。
6時にきしょうする。
きしょう予報。
きしょうな種。

誕生日をきねんする。
平和をきねんする。

歯列をきょうせいする。
自然ときょうせいする。
労働をきょうせいする。

きょくち的な気候。
円熟のきょくちに達する。
きょくちを探検する。

仲間ときょうぼうする。
きょうぼうな動物。

神のけいじを受ける。
けいじ上学を学ぶ。

必死にきょうべんする。
高校できょうべんを執る。

読み

気性
生まれつきの心の性質。

起床
寝床から起き出ること。

気象
大気の状態および雨・風・雪など大気中で起こる諸現象。

希少
稀少
ごくまれで珍しいさま。

記念
過去を大事に思い起こし、気持ちを新たにすること。思い出として残しておくこと。

祈念
願いが叶うように祈ること。

矯正
欠点や悪習などを正常な状態に戻すこと。

共棲
共生
生あるものは互いにその存在を認め合って、共に生きるべきこと。異種の生物の生存様式。

強制
力によって、その人の意志にかかわりなく、ある行為を無理にさせること。

局地
限られた一定の土地や区域。

極致
到達できる最高の境地。きわみ。

極地
最果ての土地。地球上の南極および北極地方。

共謀
複数の者が合意して悪事をたくらむこと。

凶暴
性質が乱暴で残忍なさま。力が強く乱暴な様子には「強暴」を、狂ったように暴れる様子には「狂暴」を使う。

啓示
指し示すこと。

形而
「形而上学」は、存在者を存在者たらしめている超越的な原理。神・世界・霊魂などを研究対象とする学問。

強弁
自分の意見をむりやり通そうとすること。

教鞭
教師が授業で使うむち。「教鞭を執る」は、「教師になって生徒を教える。教職に就く」の意。

書き

けんげんを超える。
姿がけんげんする。

事実をけんしょうする。
長年の業績をけんしょうする。

病気のけんしんを受ける。
けんしん的に尽くす。

行いをこうかいする。
古い制度をこうかいする。

人生のこうり。
こうり主義。

両者の激しいこうぼう。
国がこうぼうする。

敵国にこうせいをかける。
こうせい物質を投与する。

あだ名でこしょうされる。
エンジンがこしょうする。
こしょうに棲む魚。
日本一をこしょうする。

読み

権限　ある範囲のことを正当に行うことができるものとして与えられている能力。また、その能力が及ぶ範囲。

顕現　はっきりとした形で現れること。

検証　実際に物事を調べて仮説を証明すること。

顕彰　隠れた功績・善行を広く知らせ、ほめたたえること。

検診　病気かどうかを調べるために診察や検査をすること。

献身　自分の身を犠牲にして尽くすこと。

後悔　あとになって悔やむこと。

更改　それまでの決まりやしきたり、契約などを新しくすること。

公理　広く一般に通用する道理。

功利　功績や利益を上げること。功名と利得。

攻防　攻めることと防ぐこと。

興亡　興り栄えることと滅びること。

攻勢　敵に積極的に攻撃する態勢。

抗生　「抗生物質」は、カビや放線菌などの微生物で作られ、他の微生物や生細胞の発育をさまたげる有機物質。

呼称　名前をつけて呼ぶこと。その呼び名。

故障　こわれて正常な機能が果たせなくなること。事態の進行をさまたげるもの。異議。

湖沼　湖と沼。

誇称　自慢して大げさに言うこと。

書き

しさいに記録する。
カトリック教会のしさい。

ししょうを見習う。
ししょうをきたす。

じせいの句を残す。
じせいに反する。
草花がじせいする。

事情をしょうちしている。
オリンピックのしょうち活動。

しょうようとした振る舞い。
行いをしょうようする。

経済的にじりつする。
じりつ神経。

しょう期間。
製品のしょうを変更する。
道具をしょうする。
しょう末節にこだわる。
しょうで仕事を休む。

噂のしんぎを確かめる。
問題についてしんぎする。

読み

子細 細かく詳しいさま。

司祭 聖職者。

師匠 学問や武術、芸術の師、先生。

支障 進行のさまたげとなるもの。

辞世 この世に別れを告げること。

時勢 移り変わる時代の様子。

自生 植物が人の手によらず自然に生え育つこと。

承知 よく知り、理解していること。心得ていること。

招致 招き寄せること。

従容 ゆったりと落ち着いているさま。

称揚 ほめたたえること。称賛。

自立 自分の力だけで物事を行うこと。

自律 自分の立てた規律に従って行動すること。

試用 ためしに使うこと。

仕様 物事のやり方。機械や建物の内容。

使用 人や物を使うこと。

枝葉 樹木の枝と葉。本家から分かれた者。

私用 わたくし事。自分の用事。

真偽 本当なのかうそなのか。

審議 物事を詳しく調べ、良し悪しを討議すること。

書き

正義感が彼のしんじょうだ。

相手のしんじょうを考える。

領海しんぱん。

サッカーのしんぱん。

加入をすすめる。

面白い小説をすすめる。

十年来のしんこうがある。

仏教をしんこうする。

会議がしんこうにまで及ぶ。

しんこう宗教。

学術しんこう協会。

敵国に深くしんこうする。

せいこうで拙い訳文。

せいこうな作りの機械。

議論がせいこうする。

落ち着きがないせいこうの人物。

実験にせいこうする。

せいこう不良。

読み

身上 身の上。人のとりえや価値。身体の表面の上。

心情 心の中にある感情。

侵犯 他国の領土や権利をおかすこと。

審判 物事の是非や優劣を判断すること。スポーツなどで、技の優劣、反則の有無、勝敗などを判定すること。また、その役。

勧める 人がそのことを行うように働きかける。

薦める 人や物などの良い点を述べて採用を相手に促す。推薦する。

親交 親しく付き合うこと。

信仰 ある宗教の教えを信じて従うこと。神仏などを信じてあがめること。

深更 夜更け。深夜。

新興 既存のものに対し、勢いをもって新しいものが興ること。

振興 学術や産業を盛んにすること。

侵攻 他国や他の領域に攻め入ること。

生硬 態度・表現などが、未熟で十分に慣れていないこと。

精巧 細工や仕組みが細かくよくできていること。

盛行 盛んに行われること。

性向 人の性質の傾向。

成功 物事を目的どおりに成し遂げること。物事をうまく成し遂げて社会的地位や名声などを得ること。

性行 性質と行い。

書き

せいとうな理由。
新しいせいとうを結成する。
せいとう派のやり方。

ぜったいに正しいと信じる。
ぜったい絶命。

地震にそなえる。
墓に花をそなえる。

領収書をてんぷする。
てんぷの才能。

とくいな能力を持つ。
とくい科目。

泥棒が金品をとる。
映画をとる。
指揮をとる。
森でキノコをとる。
ネズミをとる。
栄養をとる。

正当
道理にかなっていること。

政党
政治上の主義・主張を同じくする者によって組織され、その主義・主張を実現するために活動する団体。

正統
正しい系統や血筋。その時代、その社会で最も妥当な立場。

絶対
他の何物にも制約・制限されないこと。比較するものや対立するものがないさま。何がどうあっても。必ず。

絶体
追い詰められて進退きわまること。「絶体絶命」で、差し迫っていてどうしようもない立場にあること。

備える
準備しておく。設備・備品として物を置く。生まれつき身に付けて持つ。

供える
神仏・貴人などに物を捧げる。

添付
（書類などに）補足として物をつけ添えること。

天賦
天から授かったもの。生まれつきの素質。

特異
他と異なり特に優れていること。

得意
最も手慣れていて自信があり、上手であること。

取る
盗る
盗む。奪う。

撮る
写真や映画を撮影する。

執る
手にとって使う。行う。しっかりとつかむ。道具を手に持つ。

採る
採取する。採用する。集める。採集する。

捕る
捕らえる。つかまえる。

取る
摂る
食べる。摂取する。体内に取り込む。

書き

利潤をついきゅうする。
学問をついきゅうする。
責任をついきゅうする。

自由をひょうしょうするマーク。
優秀人物をひょうしょうする。

約束をほごにする。
子どもをほごする。

よだんを許さない状況。
よだんと本論。

電池をむしょうで交換する。
計画が雲散むしょうする。
むしょうに食べたくなる。

ふしんな人物。
政治ふしんが広がる。

手足のまっしょう。
選手登録からまっしょうする。

ゆうしゅうに閉ざされる。
ゆうしゅうの美を飾る。
ゆうしゅうな成績。

善行をあらわす。
新書をあらわす。

読み

追求
目的を達するまでどこまでも求め続けること。

追究
未知のものや不明の事柄を、どこまでも考え、調べて明らかにしようとすること。

追及
責任や欠点、原因などをどこまでも追いつめて問いただすこと。

表象
象徴的に表すこと。

表彰
人々の前でほめたたえること。

反古
役に立たないもの。無効。取り消し。破棄。

保護
危険・破壊・困難などが及ばないようにかばい守ること。

予断
前もっての判断。予測。

余談
用件以外の話。

無償
無料。

霧消
あとかたもなく消えてなくなること。

無性
分別がないさま。

不審
疑わしい様子。疑わしく思うこと。

不信
信じないこと。信用できないこと。

末梢
こずえ。末端。些細なこと。

抹消
塗り消すこと。消して除くこと。

憂愁
気分が晴れず悲しむこと。

有終
終わりを全うすること。

優秀
優れているさま。

顕す
広く世間に知らせる。顕彰する。

著す
書き記す。書物を書いて出版する。著作する。

書き取り

罪をおかす。
危険をおかす。
国境をおかす。

作物を栽ばいする。
ばい償金を支払う。
売り上げがばい増する。
ばい審員に選ばれる。

全権をいふする。
いふの念で見つめる。

森の奥にいんせいする。
大学卒業後は、いんせいとして研究する。

いぎょうのいきもの。
いぎょうを達成する。

えきしゃで電車を待つ。
えきしゃが手相を見る。

えっけん行為に当たる。
王女にえっけんする。

死者をいれいする。
いれいの措置。
規定にいれいする。

読み

犯す 法律・規則・道徳などに背く。女性に暴行を加える。

冒す 汚す。無理を承知で挑戦する。

侵す 他国・他人の領域に不法に立ち入る。他者の権利を損なう。

培 土をかけて草木を育てる。つちかう。

賠 つぐなう。損害と見合う分を支払う。

倍 同じ数量を重ねること。増す。増やす。

陪 そばに付き添う。お伴をする。補佐する。家来の家来。

委付 自己のものを他人にゆだねること。

畏怖 恐れおののくこと。

隠棲 俗世を離れ静かにすむこと。

院生 大学院・棋院・少年院など、院の付くところで指導・教育を受けている者。

異形 普通と違ったあやしい姿・形をしていること。

偉業 優れた仕事。

駅舎 鉄道の駅の建物。

易者 易占などの占いを職とする人。

越権 自己の権限を越えて事をなすこと。

謁見 身分の高い人、目上の人に会うこと。

慰霊 死者の霊魂をなぐさめること。

異例 前例のないこと。普通と違った例。例のない、珍しいこと。

違令 命令や法に違反すること。

書き

学業をおさめる。
成果をおさめる。
会費をおさめる。
国をおさめる。

弱い方にかせいする。
かせいを切り回す。

神経がかびんだ。
猫がかびんを割る。

かぶんにして知らない。
かぶんな望みを言う。

月刊誌をかんこうする。
大陸横断をかんこうする。

資料がかんせいする。
かんせいな町並み。
敵のかんせいにはまる。

米軍のかんてい。
首相かんてい。
専門家によるかんてい。

読み

修める　学問を身に付ける。修得する。行いを立派にする。

収める　収拾をつける。収納する。中に入れる。自分のものにする。結果を得る。

納める　しまい込む。相手に渡す。

治める　治世する。平らかにする。統治する。静める。

加勢　力を貸して助けること。援軍を送ること。

家政　家をおさめること。日常の家庭生活を処理していく方法。

過敏　必要以上に敏感なこと。

花瓶　花を挿す入れ物。

寡聞　知識が浅く、狭いこと（主に謙遜の意で用いる）。

過分　分不相応な態度や振る舞い。分を過ぎた扱いを受けること（主に謙遜の意で用いる）。

刊行　書籍などを印刷して世に出すこと。出版。

敢行　危惧・懸念を押し切って実行すること。無理を承知で思い切って行うこと。

完成　完全に出来上がること。すっかり仕上げること。

閑静　静かでひっそりとしたさま。

陥穽　わな。落とし穴。人を陥れること。そのための策略。

艦艇　大小の軍事用船舶の総称。

官邸　大臣・長官など高級官吏の住宅として国が用意した邸宅。

鑑定　美術・骨董品などの良否や真贋を判定すること。目利き。

書き

もうかんべんならない。
かんべんに食事を済ます。

春になり、きがんをよく見かける。
優勝をきがんする。

彼はけいがんの士だ。
けいがん人を射る。

文化のきそうにある信仰。
法案をきそうする。
技をきそう。
きそう本能が働く。

きょうこうな態度。
試合をきょうこうする。
きょうこう策に出る。

実力をけんじする。
主張をけんじする。

ごきを強める。
文章をごきする。

行方不明者をさがす。
仕事をさがす。

読み

勘弁
過ちなどを許すこと。

簡便
取り扱いが簡単で便利なこと。手間のかからないこと。手軽。

帰雁
春に北へ帰る雁のこと。

祈願
ある事が成就するよう神仏に祈り願うこと。

慧眼
物事の本質を見抜く鋭い洞察力のこと。

炯眼
鋭い目つき。鋭く光る目。

基層
事物の根底をなす層。基盤。

起草
草稿を書き始めること。文案を作ること。

競う
互いに負けまい、勝とうとして張り合う。競争する。

帰巣
動物が自分の巣や繁殖場所に帰ってくること。

強硬
意思が強く、容易に妥協や屈服をしないさま。

強行
無理を押し切って強引に行うこと。

強攻
多少の危険や不利を覚悟して強気で攻めること。

顕示
人目につきやすいように、はっきりと示すこと。

堅持
態度や思想などを他と妥協せずにかたく守ること。

語気
話す言葉の調子や勢い。語勢。

誤記
誤って記すこと。書きあやまり。

捜す
見えなくなったもの、失ったものを見つけ出すこと。

探す
手に入れたいものを見つけ出すこと。

書き

職歴をさしょうする。
空港でさしょうを提出する。

せいがん書を役所に出す。
神仏にせいがんする。

部屋をそうじする。
そうじした図形。

たいぐうの良い仕事。
たいぐうをとる。

仕打ちにたえる。
血筋がたえる。

だんがい絶壁。
政府をだんがいする。

たんせい込めて製造する。
たんせいな顔立ち。
たんせいをもらす。

靴をはく。
ほうきで塵をはく。
本音をはく。

読み

詐称
氏名、住所、年齢などを騙ること。

査証
調べ証明すること。またその書類。

請願
強く願うこと。請うこと。

誓願
神や仏に願うこと。

掃除
ごみなどを除去しきれいにすること。

相似
形や性質などが互いによく似ていること。

待遇
人をもてなすこと。処遇。行いに対しなされるもてなし。

対偶
命題から見て、鏡の反対側に位置する事象。二つで一そろいのもの。対。

耐える
苦しさ・悲しさなどに屈せず我慢する。こらえる。

絶える
続いていた物事が途中で切れる。途切れる。死ぬ。縁が切れる。さらに続くべきものが続かなくなる。尽きる。

断崖
きりたった険しいがけ。

弾劾
罪や不正をあばき、責任を追及すること。

丹精
心を込めて物事をすること。

端正
容姿がきれいで整っているさま。動作・態度・行状などが乱れたことがなく立派なさま。

嘆声
失望し発する嘆き声。ため息。非常に感心して出す声。感嘆の声。

履く
(足袋・靴下・靴などを)足につける。

掃く
道具を使って塵を掃除すること。

吐く
口にふくんだ物・飲み込んだ物・息などを口から外に出す。言葉として言う。白状する。

書き

はくちゅうした実力。
はくちゅうから飲酒する。

使い方のはんれいを書く。
はんれいから量刑を検討する。
はんれいをもとに手紙を書く。

ひさんな光景。
破片がひさんする。

ひっしに逃げる。
そうなることはひっしだ。

ふかがかかる。
卵がふかする。

争いでゆういに立つ。
ゆういな人材。

ゆしは幅広い用途がある。
ゆし退職となる。

策をろうする。
心をろうする。

彼の優勝をそがいする。
そがい感を覚える。

読み

伯仲 力がつり合っていて優劣がつけ難いこと。

白昼 まひる。ひるひなか。昼間。まだ日の高い時間。

凡例 書物の初めにある編述の方針や使い方などの部分。

判例 過去に下された裁判の判決。

範例 模範となる例のこと。

悲惨 見聞きに堪えられないほど痛々しいこと。

飛散 飛び散ること。

必死 生死にかかわるほど全力を尽くすこと。

必至 必ずそうなること。必然。

負荷 責任などを身に引き受けること。作動させるときに生じるエネルギーの消費量。

孵化 卵がかえること。また卵をかえすこと。

優位 位置・地位などが他よりまさること。また、そのさま。

有為 能力があるさま。役に立つこと。

油脂 脂肪酸のグリセリンエステル。中性脂肪。常温で固体のものを脂肪、液体のものを油という。

諭旨 目上の者が目下の者に趣旨や理由を諭し告げること。言い聞かせること。

弄する 弄ぶ。思うままに操る。ひやかす。嘲弄する。

労する 苦労して働く。働かせる。骨を折らせる。ねぎらう。なぐさめる。

阻害 邪魔すること。

疎外 嫌ってのけ者にすること。

書き

選手が試合後こうかんする。
こうかんのうわさ。
物々こうかん。

防腐剤をてんかする。
責任をてんかする。

労働者をはけんする。
はけんを握る支配者。

文化をじゅようする。
じゅように合わせた供給。

しゅこうしかねる意見。
しゅこうを凝らした作品。

しょうがいを乗り越える。
しょうがい係が連絡を取る。

そうけんな体つき。
期待をそうけんに担う。

理論のきていをなす。
競技のきていに則る。

部屋のいしょうを凝らす。
舞台で着るいしょう。

読み

交歓 打ち解け、楽しく過ごすこと。

巷間 ちまた。世間。

交換 取りかえること。互いにやりとりすること。

添加 別のものを付け加えること。

転嫁 他になすりつけること。

派遣 特定の用向き・役目などである所へ出張させること。

覇権 覇者としての権力。他の者に勝って得た権力。

受容 受け入れること。

需要 物品を手に入れようとする欲望。商品などを購入しようとする欲望。

首肯 肯定の意味でうなずくこと。

趣向 おもむきやおもしろみを出すための工夫。

障害 さまたげること。あることをするのにさまたげとなる状況。

渉外 外部との交渉。

壮健 肉体的にも精神的にも健全な様子だ。

双肩 *「双肩に担う」で「責任、義務を引き受けている」の意。

基底 基礎となる事柄。基礎。根底。

規定 物事のありさまやり方を決まった形に定めること。また、その定めた内容。

意匠 装飾上の工夫。デザイン。

衣装 衣服。

コラム6

送り仮名の注意点

漢字は思い浮かんだのに、「送り仮名をどこから送ればよいかわからない」と迷う人は多い。

送り仮名は、「一単語の活用語尾を送る」のが原則である。「伴う」など、語尾に「なう」の形をもつ動詞（商う・償う・賄う）は、「―う」と送るのが原則だが、「損なう」だけは「―なう」と送る。

「滞る」「潔い」のように、一字の読みが長かったり、「忌まわしい」「嘆かわしい」のように、送り仮名が4文字以上もある語は、誤答率も高い。ほかに、誤答率が高い漢字には、「覆す」「辱める」「翻す」「承る」「奉る」「汚らわしい」「捕らわれる」「恥ずかしい」などがある。

また、「ふるって（奮って）参加する」「猛威をふるって（振るって）」のように、読み仮名が同じでも、送り仮名が異なる漢字があるので、注意が必要。そのような例には、ほかに、「おこす→起こす・興す」「おさえる→抑える・押さえる」「あわせる→併せる・合わせる」などがある。これはたとえば、「おこ（す）」という書き取りの問題には、「興す」と書かなければ不正解となる、ということである。

5章 形の似ている漢字

ポイント

○意味とヘンの関係をヒントにすること
○漢字ごとに異なるニュアンスをつかむこと

書き

定年を迎えいん居する。
おん便に物事を進める。

みどりが生い茂る。
人とのえんを感じる。

建物を破かいする。
過去を述かいする。

ぎ式を執り行う。
ぎ会を開く。
ぎ牲となる。

人を派けんする。
い跡を探索する。

さい判を開廷する。
野菜をさい培する。

床下にしん水する。
部屋にしん入する。

任務をすい行する。
ちく一数えあげる。

資本を蓄せきする。
成せきをあげる。

読み

隠　かくれる。かくす。こもる。

穏　おだやか。

緑　みどり。

縁　えん。ふち。

壊　こわす。やぶれる。

懐　なつかしむ。心に思う。

儀　作法。かたどる。はかる。なぞらえる。規準、様式。

議　意見を出して話し合う。思いをめぐらす。理由や文句をつける。説明する。

犠　いけにえ。

遣　はなつ。追いやる。出す。つかわす。贈り物。

遺　残る。あます。すてる。失う。離れる。残された物。忘れる。

裁　切り離す。布を断ち切る。善悪を判断して決める。さばく。外見。

栽　草木を植える。植え込み。

浸　水につける。水が次第にしみこむ。

侵　少しずつほかの領分に入り込む。攻め入る。損なう。

遂　成しとげる。ついに。

逐　追い払う。かりたてる。しりぞける。数え上げる。

積　つみ重なる。掛け合わせて得た数値。不平などの感情がたまる。広さ。かさ。

績　つむぐ。繊維を引き出し、糸にする。積み重ねた仕事やその結果。

書き

そ置をとる。

しゃく家に住む。

哀せきの念にかられる。

元そをアピールする。

そ税を支払う。

侵入をそ止する。

ひ害にあう。

ひ露宴を開く。

特ちょうを述べる。

び妙な違い。

相手をぶ辱する。

行いを後かいする。

へい害が起こる。

貨へいを印刷する。

自まんする。

まん然と日々を過ごす。

漁もうに魚がかかる。

実施要こうをまとめる。

読み

措 置く。そのままにしておく。はからい。振る舞い。

借 かりる。

惜 残念に思う。思いきれず、心が残る。おしむ。

祖 物事のもと。一派や家系を開いた人。親の親。

租 みつぎ。年貢。借りる。

阻 はばむ。妨げる。険しい。

被 かぶせる。かぶる。受け身の。着る。よくないことを身に受ける。こうむる。

披 開く。ひろめる。人前に見せる。手の内を開いて見せる。

徴 人を召し出す。取り立てる。きざし。証拠。はっきりする。

微 かすか。わずか。こっそりと。卑しい。目立たずに。衰える。なくなる。

侮 軽んじる。見下げる。あなどる。ばかにする。

悔 くいる。くやむ。失敗や過ちを残念に思う。

弊 やぶれる。疲れる。たるんで生じた害。悪い。自分に関することに添えて謙遜を表す語。

幣 神に供える布。贈り物。貢ぎ物。通貨。銭。

慢 怠ける。他を見くびっておごる。速度や進行がだらだらと遅い。

漫 満ちる。一面に広がる。むやみに広がって締まりがない。とりとめがない。なんとなく。

網 あみ。連絡が取れるように張りめぐらした組織。あみを打つ。

綱 古いつな。物事を統括する大筋。生物学で大きな区分け。

書き

ぐう像を崇拝する。

同じ境ぐうにいる人々。

部屋のすみを掃除する。

能力を発きする。

光かがやく。

こん然一体となる。

しょう撃を受ける。

均こうを保つ。

部屋のかん気をする。

注意をかん起する。

家ちくをやしなう。

ちく財を勧める。

異文化をはい斥する。

はい優に出くわす。

深夜にはい徊する。

ぼう績事業を始める。

相手の攻撃をふせぐ。

業務をぼう害する。

読み

偶 ひとがた。人形。二つで対をなすもの。二で割りきれる数。たまたま。

遇 出会う。もてなす。敵対する。たまたま。機会。

隅 すみ。かど。四角。

揮 手を振り回す。まき散らす。外に表し出す。指図する。

輝 光を出す。きらめく。

渾 にごる。まじる。まざる。まったく。すべて。全部の。大きい。

衝 突き当たる。ぶつかる。要所。

衡 重さをはかる。平均がとれている。

換 取りかえる。入れかえる。

喚 大声を出す。わめく。呼び寄せる。

畜 牛馬などを飼う。家で飼う動物。

蓄 たくわえる。多くの物を一所に集めておく。扶養する。

排 押し開く。押しのける。並べる。列。

俳 たわむれ。おどけ。芸。役者。俳諧・俳句の略。

徘 さまよう。あてもなく歩きまわる。

紡 糸をつむぐ。

防 せきとめる。守る。ふせぐ。くいとめる。備える。堤。

妨 邪魔をする。さまたげる。

書き

扱いにふん慨する。
火山がふん火する。

船が転ぷくする。
約束をり行する。

焦そう感に駆られる。
飛行機をそう縦する。

誤りを指てきする。
てき切な処置を施す。
相手とてき対する。
水てきをふきとる。

違反者をじょ名する。
じょ々に速度を落とす。
意見をじょ述する。

書籍をへん集する。
へん向した考えを捨てる。

がい算で計画する。
憤がいする。

泉が枯かつする。
スキャンダルを種に恐かつする。
かっ色の茶碗。

読み

憤
腹を立てる。もだえる。奮い立つ。

噴
内部から外に噴き出す。

覆
くつがえる。ひっくり返る。元に戻ってする。繰り返す。おおう。かぶせる。

履
はきもの。実行する。一歩一歩踏みしめる。着実に行う。

燥
かわく。

操
手先でうまく扱う。決心したことを守る志。

摘
つまむ。つまみ出す。選び取る。あばく。指さす。要点をまとめる。

適
ほどよい。心にかなう。ぴったり。進み行く。楽しむ。

敵
対等に張り合う。競ったり憎んだりして張り合う相手。かたき。

滴
しずく。したたる。

除
取り除く。古いものを捨てて新しいものに移る。新しい官職につける。割り算をする。

徐
ゆっくりしている。おもむろ。急がずに何かをする。

叙
順序立てて述べる。官位を授ける。思いを述べる。

編
文章を集めて書物に仕立てる。組み合わせてまとまった形に仕立てる。書物。詩文を数える語。

偏
かたよる。本筋や中心からそれている。土地や度量が狭い。漢字の組み立てで左側の部分。

概
ならす。おおむね。おもむき。

慨
なげく。

渇
のどがかわく。しきりにほしがる。水がかれる。

喝
相手を制止するために大声でどなる。やんやと声を掛ける。おどす。

褐
黒ずんだ茶色。粗い毛で織った衣服。

書き

ぎ問を抱く。

虫が葉にぎ態する。

脂肪分がぎょう固する。

事態を危ぐする。

不ぐ戴天の敵。

キーワードを検さくする。

さく略をめぐらす。

ざん定政権。

ざん新な取り組み。

じゅん教授になる。

標じゅんより多い収穫量。

怠だな生活を送る。

だ落する。

酒をじょう造する。

土地をじょう渡する。

社長令じょうを見かける。

豊じょうを祈る。

とう芸を楽しむ。

自然とう汰される。

読み

疑
疑う。決めかねてためらう。似ていて区別できない。こうではないかと思案する。

擬
おしはかる。なぞらえる。似せる。まねる。

凝
かたまる。停滞する。集中する。

惧
おそれる。

倶
ともに。ともに行く。「不倶戴天」はともにこの世に生きられない、また生かしておけないと思うほど恨み、怒りが深いこと。

索
縄。もとめる。離れる。

策
はかりごと。計画を立てる。むち。つえ。天子が下す文書。

暫
しばらく。少しの間。

斬
切り殺す。断ち切る。

准
なぞらえる。依拠する。ゆるす。

準
水平を計る道具。物事をはかるよりどころ。正式に似た扱いをする。なぞらえる。

惰
だらける。怠ける。これまでの状態を変えない。

堕
落ちる。落とす。悪い状態に陥る。

醸
かもす。酒を造る。酒。

譲
ゆずり与える。へりくだる。なじる。

嬢
未婚の女性。娘。母。

穣
穀物が豊かに実る。さかんなさま。

陶
焼き物。打ち解けて楽しい。うれえる。教え導く。

淘
すくう。米をとぐ。良いものと悪いものをわける。

書《き》

作物を栽ばいする。
素材をばい煎する。
売り上げがばい増する。

ばい体を選ぶ。
友人と共ぼうする。

使用ひん度が高い。
ひん死の状態にある。

はく仲した実力。
はく手を送る。
旅館で一ぱくする。

一かつで代金を払う。
かっ発な性格。

財布をふん失する。
ふん末状の薬。
悪役にふんする。

健こう的な生活。
凡ような意見。

これからのよ定。
む盾が生じる。

読み

培　焙　倍

培 土をかけて草木を育てる。つちかう

焙 火であぶる。ほうじる。

倍 同じ数量を重ねること。増す。増やす。

媒　謀

媒 仲立ち。仲介。二つのものを結びつけるはたらきをするもの。

謀 はかる。はかりごと。人知れず悪事をたくらむ。あれこれと手段を講ずる。

頻　瀕

頻 しきりに。事態が引き続いて起こること。何度も。

瀕 みぎわ。岸。迫る。すれすれまで近づく。

伯　拍　泊

伯 長。神。兄弟の最年長者。父母の年上の兄弟。一芸に秀でたものの敬称。

拍 手を打つ。鼓動する。音楽のリズム。

泊 宿る。船が止まる。あっさりしている。沼。湖。

括　活

括 ばらばらのものを一つにまとめる。入り口を締めくくる。前後から中のものを囲む。

活 いきいきしている。勢いよく動く。生きる。暮らす。「活字」の略。「活動」の略。

紛　粉　扮

紛 まぎれる。入り乱れる。もつれる。入りまじってわからなくなる。

粉 こな。砕いてこなごなにする。おしろい。

扮 ふりをする。本来とは違う姿に装う。

康　庸

康 やすらか。無事。身体が丈夫。すこやか。大通り。

庸 平常。普通。並みである。変わりばえしない。人をやとい用いる。昔の課税の一。

予　矛

予 前もって。あらかじめ。心がゆったりする。ぐずぐずする。伊予国。われ。自分。

矛 ほこ。

書《き》

ばく然とした不安。
夢を食べるばく。
ばく大な予算。

コルクのせんを抜く。
理由をせん索される。

ふねに乗る。
はく来の食品。

ほ欠からレギュラーになる。
動物をほ獲する。
店ぽを建設する。

車の車りん。
石油をゆ入する。

水槽にできたうず。
か去を振り返る。
舌かをまねく。

周囲とのま擦。
石を研まする。
古代のま法。

読み

漠 広い砂原。何もなくてどこまでも広い。とりとめがない。

獏 中国の想像上の動物。

莫 日暮れ。否定を表す語。ない。むなしい。

栓 せきとめるもの。管や穴の口をふさぐもの。管の先に取り付けた開閉装置。

詮 明らかにする。物事の道理を突き詰める。

船 ふね。

舶 海を渡る大きな船。

補 足りないところを補う。欠けた所をつぎ足してうめる。ポストをうめる。官職を授ける。そばで力を添えて助ける。

捕 つかまえる。とらえる。「捕手」の略。

舗 みせ。びっしりと敷きのべる。

輪 車のわ。円形のもの。まわり。順番が回ってくる。自転車・自動車のこと。

輸 送る。別の場所に物を移し運ぶ。輸出・輸入のこと。

渦 うず。混乱した状態。

過 通り過ぎる。あやまち。時間が経つ。事態をそのままにして過ごす。ある範囲や基準を超える。

禍 わざわい。思いがけない災難。

摩 こする。さする。触れる。迫る。梵語の音訳字。

磨 こすってみがく。すり減る。学問や技芸を向上させようと励む。

魔 人をまどわし、災いをもたらすもの。化け物。人を物事に熱中させるもの。不思議な術。仏教修業を妨げる悪神。梵語の音訳字。

コラム7

ゴロで漢字を覚える！

「薔薇」「葡萄」「鬱」などの難しい漢字を書くための語呂がある。たとえば、「鬱」という漢字ならば、「リンカーンは、アメリカンコーヒーを三杯飲む」という語呂である。「鬱」を分解すると、そのようなパーツに分けることができるそうだ。

実際の大学入試で、「薔薇・葡萄・鬱」のような難漢字を書かせるということはまずないが、書き方や読みを、語呂で覚えるのは、とても効果的な方法である。それが、自分で考えたものならばなおさらであろう。

「どうしても覚えられない」「読みや書きを混同してしまう」という漢字に絞って、自分なりの覚え方を考えてみるのもよいのではないだろうか。

以下、有名な語呂（?）を、いくつか掲げておこう。

「人の夢は儚い（はかない）」「忙しいと、心を亡くす（忄りっしんべんは、心の意味をもつ）」「信者で儲ける」など。

「クックックとなく鳥だから、鳩」「ブーンという音を立てる虫だから、蚊」などは、語呂というより、実際にそのような理由で漢字が成立している。

付記

ことわざ・慣用句

あいづちをうつ

あおいきといき

あおなにしお

あくがつよい

あしをだす

あぶはちとらず

あぶらがのる

あぶらをうる

あまのじゃく

あまよのつき

いきうまのめをぬく

いたしかゆし

いちじつのちょう

＊「いちにちのちょう」と読むのは誤り。

いっきかせい

いっしゃせんり

いぬにろんご

うごうのしゅう

うごのたけのこ

うつつをぬかす

うでをこまねく

うなぎのねどこ

うみせんやません

うんでいのさ

えにかいたもち

おさとがしれる

相槌を打つ
相手の話に調子を合わせて受け答えをする。

虻蜂取らず
同時にいくつかのものを狙って結局何も得られないことのたとえ。

生馬の目を抜く
人を出し抜き素早く利益を得るさま。

犬に論語
どのように説いて聞かせても無駄なことのたとえ。＊「馬の耳に念仏」と同じ。

鰻の寝床
入り口が狭く、奥行きの深い家や場所。

青息吐息
困って苦しいときなどに、弱りきって吐くため息。

脂が乗る
調子が出て仕事や勉強がはかどる。

痛し痒し
一方を立てればもう一方に差し障りがある。具合の良い面もあれば悪い面もあって、困る。

烏合の衆
規律も統一もなく寄り集まった群集。

海千山千
さまざまな経験を積み、世間の表裏を知り尽くしてずる賢いこと。したたか者。

青菜に塩
青菜がしなびる様子から、人が元気のない様子。

油を売る
仕事の途中で怠ける。無駄話をして時間を浪費する。

一日の長
人より経験や技能・知識が若干優れている。

雨後の筍
類似した物事が次々と現れ出ることのたとえ。

雲泥の差
差が非常に大きい。天と地ほどの隔たり。大変な違い。

灰汁が強い
人の性質・言動や表現に独特のしつこさや癖があること。
＊対義語は「灰汁が抜ける」。

天の邪鬼
人の言うことやすることにわざと反抗する人。つむじまがり。ひねくれ者。

一気呵成
仕事を一気に完遂すること。文章をひといきに書き上げること。

現を抜かす
ある事に夢中になり、心を奪われる。

絵に描いた餅
何の役にも立たないもの。計画などが実現する可能性のないこと。

足を出す
予算を超えて支出する。

雨夜の月
雨の降る夜の月。あっても見えないものにたとえる。想像するだけで目には見えないもののたとえ。

一瀉千里
物事が一気に進むこと。

腕を拱く
行動を起こさず様子を見る。

お里が知れる
言動からその人の生まれや育ちが露顕する。

意味

おちゃをにごす	かさにきる	きもをいる	くさをむすぶ	こうじまおおし
おなじあなのむじな	からすのぎょうずい	きゅうぎゅうのいちもう	くちがへらない	こうじんをはいする
おはちがまわる	きしんやのごとし	ぎゅうじをとる	けいせつのこう	こきょうへにしきをかざる
かいよりはじめよ	きではなをくくる	きゅうすればつうず	けいてんあいじん	こけんにかかわる
かおにどろをぬる	きにたけをつぐ	くさってもたい	けんこんいってき	じかどうちゃく

読み

お茶を濁す
いい加減に言うなどしてその場をごまかして切り抜ける。

笠に着る
微力な者が権勢者の後援を頼りにして威張る。

肝を煎る
いら立たせる。世話をする。

草を結ぶ
旅で野宿する。恩に報いる。

好事魔多し
よい事には、とかく邪魔が入りやすい。

同じ穴の狢
一見無関係のように見えて、実は同類・仲間であることのたとえ。多くは悪事を働く者についていう。

烏の行水
入浴時間が短い。

九牛の一毛
たくさんの中のごく一部分。取るに足りないこと。

口が減らない
言い込められてもまだあれこれと理屈を並べて言い返す。減らず口をきく。

後塵を拝する
他人に遅れをとる。

お鉢が回る
順番が回ってくる。

帰心矢の如し
故郷や家に帰りたいと思う気持ちが非常に強い。

牛耳を執る
集団を思いのままに動かす。主導権を握る。

蛍雪の功
苦学の成果。辛苦して勉強した成果。

故郷へ錦を飾る
出世して故郷へ帰る。

隗より始めよ
遠大なことをするには身近なことから始めよ。転じて、事を始めるにはまず自分自身が着手せよ。

木で鼻を括る
無愛想に振る舞う。冷淡にあしらう。

窮すれば通ず
行き詰まって困りきると、かえって活路が見出せる。

敬天愛人
天を敬い、人を愛すること。

沽券に関わる
体面や面目に差し障る。

顔に泥を塗る
恥をかかせる。面目を失わせる。

木に竹を接ぐ
性質の違うものをつなぎ合わせることから、調和が取れないことのたとえ。前後関係や筋が通らないことのたとえ。

腐っても鯛
本来、優れたものは状態が悪くなってもそれなりの価値を保っている。

乾坤一擲
運を天にまかせて、一か八かの大勝負をする。

自家撞着
同じ人の言動や文章が前後で矛盾すること。

したをならす

しゃかにせっぽう

しゅうをけっす

しょくしがうごく

＊「食指がそそる（そそられる）」とするのは誤り。

しんぷくのとも

すいぎょのまじわり

すねにきずもつ

すめばみやこ

せきひんあらうがごとし

ぜんしゃのてつをふむ

たかねのはな

たていたにみず

たまにきず

たるをしる

ちゅうげんみみにさからう

つるのひとこえ

てがかかる

てきにしおをおくる

とうりゅうもん

なしのつぶて

にそくのわらじをはく

ぬかにくぎ

ぬれてであわ

はいすいのじん

ばきゃくをあらわす

＊「馬脚を出す」とするのは誤り。

読み

舌を鳴らす
不満や軽蔑を表した態度。また、おいしいものを食べて満足した気持ちを表す動作。

水魚の交わり
水と魚のように離れることができない親密な間柄や交際のたとえ。

高嶺の花
見えてはいるが手の届かないもの。とうてい自分のものにはできないもの。

鶴の一声
意見や利害が対立する多くの人を否応なしに従わせる権威者・権力者の一言。

二足の草鞋を履く
同じ人が両立しえないような二種の業をかねること。

釈迦に説法
よく知り尽くしている人に対して教える愚かさのたとえ。

脛に傷持つ
昔犯した悪事などを隠している。後ろめたい秘密がある。自分の身にやましいところがある。

立て板に水
よどみなく話すことのたとえ。弁舌の流暢なさま。

手が掛かる
世話が焼ける。

糠に釘
やわらかい糠に釘を打つように、効き目がない。手応えがない。＊「糠」は常用漢字外。「のれんに腕押し」と同じ。

雌雄を決す
戦いで勝敗を決める。決着をつける。

住めば都
どんな場所でも住み慣れればそこが最も住みよく思われるものだ。

玉に瑕
非常に立派だがほんの少し欠点がある。✕玉に傷

敵に塩を送る
敵が苦しんでいるときに、かえってその苦境を救う。

濡れ手で粟
苦労せずに多くの利益を得ること。✕濡れ手で泡

食指が動く
食欲や、あるいは何かしたい気持ちが湧き上がる。興味・関心を持つ。手に入れたくなる。

赤貧洗うが如し
非常に貧しく洗い流したように何も持ち合わせていないさま。✕清貧洗うが如し

足るを知る
身分相応に満足することを知る。身の程をわきまえて、むやみに不満を持たない。

登竜門
立身出世の関門。

背水の陣
後がない状況で必死の覚悟で事にあたること。

心腹の友
心を許し合った親友。

前車の轍を踏む
前のものと同じ失敗を繰り返す。✕前者の轍を踏む

忠言耳に逆らう
忠告は聞く人の感情を害して受け入れられにくいこと。＊「金言耳に逆らう」と同じ。

梨の礫
返事のないこと。「投げた小石（＝礫）のように帰ってこない」の意から。「梨」は「無し」にかけたもの。

馬脚を露わす
隠していたことが明らかになる。化けの皮がはがれる。

意味

はくび

ひそみにならう

まごにもいしょう

やみよのちょうちん

かいけいのはじ

はくひょうをふむ

ひぶたをきる

みをたてる

よこぐるまをおす

きゅう

はてんこう

ひょうたんからこまがでる

むかしとったきねづか

りゅういんがさがる

せんりょのいっしつ

はらにいちもつ

ふくすいぼんにかえらず

もとのもくあみ

りんげんあせのごとし

ながれにさおさす

はりのむしろ

ほぞをかむ

＊「へそをかむ」と読むのは誤り。

やなぎにかぜ

わたりにふね

しゅんしょういっこくあたいせんきん

読み

白眉
多数あるもののうち、最も優れているものや人のたとえ。

顰みに倣う
善し悪しを考えずに人の真似をする。✕顰みに習う＊「顰」は常用漢字外。

馬子にも衣装
身なりを良くすれば誰でも立派に見える。✕孫にも衣装

闇夜の提灯
切望していたものにめぐりあうたとえ。闇夜の灯火。困り果てているときに、頼りになるものにめぐりあうこと。

会稽の恥
敗戦の恥辱。他人から受けたひどいはずかしめ。

薄氷を履む・踏む
非常に危険な場面に臨むことのたとえ。

火蓋を切る
戦い・争い・競争などを始める。

身を立てる
立身出世する。

横車を押す
道理にあわないことを無理に押し通す。

杞憂
取り越し苦労。あれこれと無用な心配をすること。

破天荒
過去に例のない事を行うこと。前代未聞。未曾有。✕破天候

瓢箪から駒が出る
冗談で言ったことが思いがけず実現する。道理上、あるはずのないことのたとえ。

昔取った杵柄
昔鍛えて、まだ衰えずに身につけている技能や腕前。

溜飲が下がる
不平・不満や恨みなどが解消され胸がすっとする。

千慮の一失
賢い人でも多くの考えの中に一つくらい間違いがあること。

腹に一物
心中に何か企みを隠し持っていること。

覆水盆に返らず
一度してしまったことは取り返しがつかないこと。

元の木阿弥
一時、良い状態になったものが、また前の状態に戻ること。

綸言汗の如し
君主の言葉は一度発せられたら取り消せないこと。

流れに棹さす
流れに棹をさして水の勢いに乗るように、時流に乗って思い通りに物事が進行する。

針の筵
周囲の非難・冷遇・自責の念などで一瞬も心が休まらないことのたとえ。

臍を噛む
後悔する。及ばないことを悔やむ。

柳に風
柳が風になびくように逆らわず、穏やかにあしらうこと。

渡りに船
望んでいるものが、ちょうど都合よく与えられる。

春宵一刻値千金
春の夜はなんとも言われぬ趣があり、一国が千金に値するような心地がすること。